心一堂術數古籍珍本叢刊

書名：馬泰青自批注《地理辨惑》
系列：心一堂術數古籍珍本叢刊　堪輿類　第三輯　344
作者：【清】馬泰青
主編、責任編輯：陳劍聰
心一堂術數古籍珍本叢刊編校小組：陳劍聰　素聞　鄒偉才　虛白盧主　丁鑫華

出版：心一堂有限公司
通訊地址：香港九龍旺角彌敦道六一〇號荷李活商業中心十八樓〇五—〇六室
深港讀者服務中心：中國深圳市羅湖區立新路六號羅湖商業大廈負一層〇〇八室
電話號碼：(852)9027-7110
網址：publish.sunyata.cc
電郵：sunyatabook@gmail.com
網店：http://book.sunyata.cc
淘寶店地址：https://sunyata.taobao.com
微店地址：https://weidian.com/s/1212826297
臉書：https://www.facebook.com/sunyatabook
讀者論壇：http://bbs.sunyata.cc/

版次：二零二二年三月初版
平裝

定價：港幣　一百五十八元正
新台幣　六百八十元正

國際書號：ISBN 978-988-8582-91-4

香港發行：香港聯合書刊物流有限公司
地址：香港新界荃灣德士古道二二〇—二四八號荃灣工業中心十六樓
電話號碼：(852)2150-2100
傳真號碼：(852)2407-3062
電郵：info@suplogistics.com.hk
網址：http://www.suplogistics.com.hk

台灣發行：秀威資訊科技股份有限公司
地址：台灣台北市內湖區瑞光路七十六巷六十五號一樓
電話號碼：+886-2-2796-3638
傳真號碼：+886-2-2796-1377
網絡書店：www.bodbooks.com.tw
台灣秀威書店讀者服務中心：
地址：台灣台北市中山區松江路二〇九號一樓
電話號碼：+886-2-2518-0207
傳真號碼：+886-2-2518-0778
網絡書店：http://www.govbooks.com.tw

中國大陸發行　零售：深圳心一堂文化傳播有限公司
深圳地址：深圳市羅湖區立新路六號羅湖商業大廈負一層〇〇八室
電話號碼：(86)0755-82224934

心一堂微店二維碼

心一堂淘寶店二維碼

心一堂術數古籍 珍本 整理 叢刊 總序

術數定義

術數，大概可謂以「推算（推演）、預測人（個人、群體、國家等）、事、物、自然現象、時間、空間方位等規律及氣數，並或通過種種『方術』，從而達致趨吉避凶或某種特定目的」之知識體系和方法。

術數類別

我國術數的內容類別，歷代不盡相同，例如《漢書・藝文志》中載，漢代術數有六類：天文、曆譜、五行、蓍龜、雜占、形法。至清代《四庫全書》，術數類則有：數學、占候、相宅相墓、占卜、命書、相書、陰陽五行、雜技術等，其他如《後漢書・方術部》、《藝文類聚・方術部》、《太平御覽・方術部》等，對於術數的分類，皆有差異。古代多把天文、曆譜、及部分數學均歸入術數類，而民間流行亦視傳統醫學作為術數的一環；此外，有些術數與宗教中的方術亦往往難以分開。現代民間則常將各種術數歸納為五大類別：命、卜、相、醫、山，通稱「五術」。

本叢刊在《四庫全書》的分類基礎上，將術數分為九大類別：占筮、星命、相術、堪輿、選擇、三式、讖諱、理數（陰陽五行）、雜術（其他）。而未收天文、曆譜、算術、宗教方術、醫學。

術數思想與發展——從術到學，乃至合道

我國術數是由上古的占星、卜筮、形法等術發展下來的。其中卜筮之術，是歷經夏商周三代而通過「龜卜、蓍筮」得出卜（筮）辭的一種預測（吉凶成敗）術，之後歸納並結集成書，此即現傳之《易

經》。經過春秋戰國至秦漢之際，受到當時諸子百家的影響、儒家的推崇，遂有《易傳》等的出現，原本是卜筮術書的《易經》，被提升及解讀成有包涵「天地之道（理）」之學。因此，《易・繫辭傳》曰：「易與天地準，故能彌綸天地之道。」

漢代以後，易學中的陰陽學說，與五行、九宮、干支、氣運、災變、律曆、卦氣、讖緯、天人感應說等相結合，形成易學中象數系統。而其他原與《易經》本來沒有關係的術數，如占星、形法、選擇，亦漸漸以易理（象數學說）為依歸。《四庫全書・易類小序》云：「術數之興，多在秦漢以後。要其旨，不出乎陰陽五行，生尅制化。實皆《易》之支派，傳以雜說耳。」至此，術數可謂已由「術」發展成「學」。

及至宋代，術數理論與理學中的河圖洛書、太極圖、邵雍先天之學及皇極經世等學說給合，通過術數以演繹理學中「天地中有一太極，萬物中各有一太極」（《朱子語類》）的思想。術數理論不單已發展至十分成熟，而且也從其學理中衍生一些新的方法或理論，如《梅花易數》、《河洛理數》等。

在傳統上，術數功能往往不止於僅僅作為趨吉避凶的方術，及「能彌綸天地之道」的學問，亦有其「修心養性」的功能，「與道合一」（修道）的內涵。《素問・上古天真論》：「上古之人，其知道者，法於陰陽，和於術數。」數之意義，不單是外在的算數、歷數、氣數，而是與理學中同等的「道」、「理」--心性的功能，北宋理氣家邵雍對此多有發揮：「聖人之心，是亦數也」、「萬化萬事生乎心」、「心為太極」。《觀物外篇》：「先天之學，心法也。……蓋天地萬物之理，盡在其中矣，心一而不分，則能應萬物。」反過來說，宋代的術數理論，受到當時理學、佛道及宋易影響，認為心性本質上是等同天地之太極。天地萬物氣數規律，能通過內觀自心而有所感知，即是內心也已具備有術數的推演及預測、感知能力；相傳是邵雍所創之《梅花易數》，便是在這樣的背景下誕生。

《易・文言傳》已有「積善之家，必有餘慶；積不善之家，必有餘殃」之說，至漢代流行的災變說及讖緯說，我國數千年來都認為天災，異常天象（自然現象），皆與一國或一地的施政者失德有關；下至家族、個人之盛衰，也都與一族一人之德行修養有關。因此，我國術數中除了吉凶盛衰理數之外，人心的德行修養，也是趨吉避凶的一個關鍵因素。

術數與宗教、修道

在這種思想之下，我國術數不單只是附屬於巫術或宗教行為的方術，又往往是一種宗教的修煉手段——通過術數，以知陰陽，乃至合陰陽（道）。「其知道者，法於陰陽，和於術數。」例如，「奇門遁甲」術中，即分為「術奇門」與「法奇門」兩大類。「法奇門」中有大量道教中符籙、手印、存想、內煉的內容，是道教內丹外法的一種重要外法修煉體系。甚至在雷法一系的修煉上，亦大量應用了術數內容。此外，相術、堪輿術中也有修煉望氣（氣的形狀、顏色）的方法；堪輿家除了選擇陰陽宅之吉凶外，也有道教中選擇適合修道環境（法、財、侶、地中的地）的方法，以至通過堪輿術觀察天地山川陰陽之氣，亦成為領悟陰陽金丹大道的一途。

易學體系以外的術數與的少數民族的術數

我國術數中，也有不用或不全用易理作為其理論依據的，如揚雄的《太玄》、司馬光的《潛虛》。也有一些占卜法、雜術不屬於《易經》系統，不過對後世影響較少而已。

外來宗教及少數民族中也有不少雖受漢文化影響（如陰陽、五行、二十八宿等學說。）但仍自成系統的術數，如古代的西夏、突厥、吐魯番等占卜及星占術，藏族中有多種藏傳佛教占卜術、苯教占卜術、擇吉術、推命術、相術等；北方少數民族有薩滿教占卜術；不少少數民族如水族、白族、布朗族、佤族、彝族、苗族等，皆有占雞（卦）草卜、雞蛋卜等術，納西族的占星術、占卜術，彝族畢摩的推命術、占卜術……等等，都是屬於《易經》體系以外的術數。相對上，外國傳入的術數以及其理論，對我國術數影響更大。

曆法、推步術與外來術數的影響

我國的術數與曆法的關係非常緊密。早期的術數中，很多是利用星宿或星宿組合的位置（如某星在某州或某宮某度）付予某種吉凶意義，并據之以推演，例如歲星（木星）、月將（某月太陽所躔之宮次）等。不過，由於不同的古代曆法推步的誤差及歲差的問題，若干年後，其術數所用之星辰的位置，已與真實星辰的位置不一樣了；此如歲星（木星），早期的曆法及術數以十二年為一周期（以應地支），與木星真實周期十一點八六年，每幾十年便錯一宮。後來術家又設一「太歲」的假想星體來解決，是歲星運行的相反，週期亦剛好是十二年。而術數中的神煞，很多即是根據太歲的位置而定。又如六壬術中的「月將」，原是立春節氣後太陽躔娵訾之次而稱作「登明亥將」，至宋代，因歲差的關係，要到雨水節氣後太陽才躔娵訾之次，當時沈括提出了修正，但明清時六壬術中「月將」仍然沿用宋代沈括修正的起法沒有再修正。

由於以真實星象周期的推步術是非常繁複，而且古代星象推步術本身亦有不少誤差，大多數術數除依曆書保留了太陽（節氣）、太陰（月相）的簡單宮次計算外，漸漸形成根據干支、日月等的各自起例，以起出其他具有不同含義的眾多假想星象及神煞系統。唐宋以後，我國絕大部分術數都主要沿用這一系統，也出現了不少完全脫離真實星象的術數，如《子平術》、《紫微斗數》、《鐵版神數》等。後來就連一些利用真實星辰位置的術數，如《七政四餘術》及選擇法中的《天星選擇》，也已與假想星象及神煞混合而使用了。

隨着古代外國曆（推步）、術數的傳入，如唐代傳入的印度曆法及術數，元代傳入的回回曆等，其中我國占星術便吸收了印度占星術中羅睺星、計都星等而形成四餘星，又通過阿拉伯占星術而吸收了其中來自希臘、巴比倫占星術的黃道十二宮、四大（四元素）學說（地、水、火、風），並與我國傳統的二十八宿、五行說、神煞系統並存而形成《七政四餘術》。此外，一些術數中的北斗星名，不用我國傳統的星名：天樞、天璇、天璣、天權、玉衡、開陽、搖光，而是使用來自印度梵文所譯的：貪狼、巨門、祿存、文曲，廉貞、武曲、破軍等，此明顯是受到唐代從印度傳入的曆法及占星術所影響。如星命術中的《紫微斗數》及堪輿術中的《撼龍經》等文獻中，其星皆用印度譯名。及至清初《時憲曆》，置閏之法則改用西法「定氣」。清代以後的術數，又作過不少的調整。

此外，我國相術中的面相術、手相術，唐宋之際受印度相術影響頗大，至民國初年，又通過翻譯歐西、日本的相術書籍而大量吸收歐西相術的內容，形成了現代我國坊間流行的新式相術。

陰陽學——術數在古代、官方管理及外國的影響

術數在古代社會中一直扮演着一個非常重要的角色，影響層面不單只是某一階層、某一職業、某一年齡的人，而是上自帝王，下至普通百姓，從出生到死亡，不論是生活上的小事如洗髮、出行等，大事如建房、入伙、出兵等，從個人、家族以至國家，從天文、氣象、地理到人事、軍事，從民俗、學術到宗教，都離不開術數的應用。我國最晚在唐代開始，已把以上術數之學，稱作陰陽（學），行術數者稱陰陽人。（敦煌文書、斯四三二七唐《師師漫語話》：「以下說陰陽人謾語話」，此說法後來傳入日本，今日本人稱行術數者為「陰陽師」）。一直到了清末，欽天監中負責陰陽術數的官員中，以及民間術數之士，仍名陰陽生。

古代政府的中欽天監（司天監），除了負責天文、曆法、輿地之外，亦精通其他如星占、選擇、堪輿等術數，除在皇室人員及朝庭中應用外，也定期頒行日書、修定術數，使民間對於天文、日曆用事吉凶及使用其他術數時，有所依從。

我國古代政府對官方及民間陰陽學及陰陽官員，從其內容、人員的選拔、培訓、認證、考核、律法監管等，都有制度。至明清兩代，其制度更為完善、嚴格。

宋代官學之中，課程中已有陰陽學及其考試的內容。（宋徽宗崇寧三年〔一一零四年〕崇寧算學令：「諸學生習……並曆算、三式、天文書。」「諸試……三式即射覆及預占三日陰陽風雨。天文即預

定一月或一季分野災祥，並以依經備草合問為通。」

金代司天臺，從民間「草澤人」（即民間習術數人士）考試選拔：「其試之制，以《宣明曆》試推步，及《婚書》、《地理新書》試合婚、安葬，並《易》筮法，六壬課、三命、五星之術。」（《金史》卷五十一・志第三十二・選舉一）

元代為進一步加強官方陰陽學對民間的影響、管理、控制及培育，除沿襲宋代、金代在司天監掌管陰陽學及中央的官學陰陽學課程之外，更在地方上增設陰陽學課程（《元史・選舉志一》：「世祖至元二十八年夏六月始置諸路陰陽學。」）地方上也設陰陽學教授員，培育及管轄地方陰陽人。（《元史・選舉志一》：「（元仁宗）延祐初，令陰陽人依儒醫例，於路、府、州設教授員，凡陰陽人皆管轄之，而上屬於太史焉。」）自此，民間的陰陽術士（陰陽人），被納入官方的管轄之下。

至明清兩代，陰陽學制度更為完善。中央欽天監掌管陰陽學，明代地方縣設陰陽學正術，各州設陰陽學典術，各縣設陰陽學訓術。陰陽人從地方陰陽學肄業或被選拔出來後，再送到欽天監考試。（《大明會典》卷二二三：「凡天下府州縣舉到陰陽人堪任正術等官者，俱從吏部送（欽天監），考中，送回選用；不中者發回原籍為民，原保官吏治罪。」）清代大致沿用明制，凡陰陽術數之流，悉歸中央欽天監及地方陰陽官員管理、培訓、認證。至今尚有「紹興府陰陽印」、「東光縣陰陽學記」等明代銅印，及某某縣某某之清代陰陽執照等傳世。

清代欽天監漏刻科對官員要求甚為嚴格。《大清會典》「國子監」規定：「凡算學之教，設肄業生。滿洲十有二人，蒙古、漢軍各六人，於各旗官學內考取。漢十有二人，於舉人、貢監生童內考取。附學生二十四人，由欽天監選送。教以天文演算法諸書，五年學業有成，舉人引見以欽天監博士用，貢監生童以天文生補用。」學生在官學肄業、貢監生肄業或考得舉人後，經過了五年對天文、算法、陰陽學的學習，其中精通陰陽術數者，會送往漏刻科。而在欽天監供職的官員，《大清會典則例》「欽天監」規定：「本監官生三年考核一次，術業精通者，保題升用。不及者，停其升轉，再加學習。如能黽勉供職，即予開復。仍不及者，降職一等，再令學習三年，能習熟者，准予開復，仍不能者，黜退。」除定期考核以定其升用降職外，《大清律例》中對陰陽術士不準確的推斷（妄言禍福）是要治罪的。《大清律例・一七八・術七・妄言禍福》：「凡陰陽術士，不許於大小文武官員之家妄言禍福，違者杖一百。其依經推算星命卜課，不在禁限。」大小文武官員延請的陰陽術士，自然是以欽天監漏刻科官員或地方陰陽官員為主。

官方陰陽學制度也影響鄰國如朝鮮、日本、越南等地，一直到了民國時期，鄰國仍然沿用着我國的多種術數。而我國的漢族術數，在古代甚至影響遍及西夏、突厥、吐蕃、阿拉伯、印度、東南亞諸國。

術數研究

術數在我國古代社會雖然影響深遠，「是傳統中國理念中的一門科學，從傳統的陰陽、五行、九宮、八卦、河圖、洛書等觀念作大自然的研究。……傳統中國的天文學、數學、煉丹術等，要到上世紀中葉始受世界學者肯定。可是，術數還未受到應得的注意。術數在傳統中國科技史、思想史，文化史、社會史，甚至軍事史都有一定的影響。……更進一步了解術數，我們將更能了解中國歷史的全貌。」（何丙郁《術數、天文與醫學中國科技史的新視野》，香港城市大學中國文化中心。）

可是術數至今一直不受正統學界所重視，加上術家藏秘自珍，又揚言天機不可洩漏，「（術數）乃吾國科學與哲學融貫而成一種學說，數千年來傳衍嬗變，或隱或現，全賴一二有心人為之繼續維繫，賴以不絕，其中確有學術上研究之價值，非徒癡人說夢，荒誕不經之謂也。其所以至今不能在科學中成立一種地位者，實有數因。蓋古代士大夫階級目醫卜星相為九流之學，多恥道之；而發明諸大師又故為惝恍迷離之辭，以待後人探索；間有一二賢者有所發明，亦秘莫如深，既恐洩天地之秘，復恐譏為旁門左道，始終不肯公開研究，成立一有系統說明之書籍，貽之後世。故居今日而欲研究此種學術，實一極困難之事。」（民國徐樂吾《子平真詮評註》，方重審序）

現存的術數古籍，除極少數是唐、宋、元的版本外，絕大多數是明、清兩代的版本。其內容也主要是明、清兩代流行的術數，唐宋或以前的術數及其書籍，大部分均已失傳，只能從史料記載、出土文獻、敦煌遺書中稍窺一鱗半爪。

術數版本

坊間術數古籍版本，大多是晚清書坊之翻刻本及民國書賈之重排本，其中豕亥魚魯，或任意增刪，往往文意全非，以至不能卒讀。現今不論是術數愛好者，還是民俗、史學、社會、文化、版本等學術研究者，要想得一常見術數書籍的善本、原版，已經非常困難，更遑論如稿本、鈔本、孤本等珍稀版本。在文獻不足及缺乏善本的情況下，要想對術數的源流、理法、及其影響，作全面深入的研究，幾不可能。

有見及此，本叢刊編校小組經多年努力及多方協助，在海內外搜羅了二十世紀六十年代以前漢文為主的術數類善本、珍本、鈔本、孤本、稿本、批校本等數百種，精選出其中最佳版本，分別輯入兩個系列：

一、心一堂術數古籍珍本叢刊

二、心一堂術數古籍整理叢刊

前者以最新數碼（數位）技術清理、修復珍本原本的版面，更正明顯的錯訛，部分善本更以原色彩色精印，務求更勝原本。并以每百多種珍本、一百二十冊為一輯，分輯出版，以饗讀者。

後者延請、稿約有關專家、學者，以善本、珍本等作底本，參以其他版本，古籍進行審定、校勘、注釋，務求打造一最善版本，方便現代人閱讀、理解、研究等之用。

限於編校小組的水平，版本選擇及考證、文字修正、提要內容等方面，恐有疏漏及舛誤之處，懇請方家不吝指正。

心一堂術數古籍 珍本/整理 叢刊編校小組

二零零九年七月序

二零一四年九月第三次修訂

地理辨惑序

堪輿之學其說有二曰巒頭曰理氣巒頭論龍穴砂水以察生氣體也理氣言元運方位以著應驗用也無體則用無所施無用則體無靈異而葬之或不得其當是二者皆不可偏廢者也世之業此術者入主出奴言巒頭則詆理氣為虛渺言理氣則嗤巒頭為粗疎求其兼通而不相背蓋罕見其人焉顧巒頭家言自景純葬書而後楊曾吳廖相與發明至精至當要在人之心靈目巧自可窺其蘊奧無岐趨之惑理氣家天玉青囊諸書雖亦傳自楊曾而頗多隱語廋詞難以盡曉於是解之

者有三合元空之異有明以來多宗三合　國朝蔣平階獨得秘解始闢三合而尚元空著地理辨正一書而真訣則引而不發於是各以意解者紛紛起矣夫元空誠能知貴賤休咎然不得真傳其誤人不相若耶余因先世未葬乃頗習堪輿家言二十年來葬事⿰犭甫畢但僅以形勢土色為主於理氣則未之及非不信也以其書微奧難知索解人而不得耳馬君泰青余同學友芥青之季弟也幼工舉業詩詞壯而客遊四方甲子歲相遇於里門晰夕聚談則植品日高所學益邃閒及堪輿之術於元空更得真解觀人墳墓其吉凶得失有如目

覩蓋十餘年於外訪求元空之真訣得遇明師又復合之形勢所以靈驗如是為親友營葬數處皆吉壤且有速効其自擇祖塋尚俳徊以待佳城余所卜地亦請其是正不離形勢而言理氣尤必合理氣以運形勢於堪輿之體用可謂兼得之矣余因謂之因[曰]既得真傳何不示人以迷津覺岸以嘉惠天下之為人子者是亦錫類之仁也泰青以為然乃著辨惑一卷顧其要訣則仍未明言懼天機之盡洩也　泰青云學者誠能會而通之則真訣自在其中是則雖未明言而亦未嘗終秘覽者果能於此留心則進而觀辨正之[書]吾知其一旦有

悟其於堪輿之學當必以此為梯航而造神妙者矣爰
為之叙以告世之讀斯編者

旹在

同治丙寅年孟夏秋月叙於許昌聚星書院

同硯弟蓉溪張承華拜譔

叙

古之葬者尚卜如春秋二百四十二年間惟龜筮之是從魯之卜楚邱梓慎晉之卜偃鄭之裨竈其最著者也均無救於篡弒侵奪之禍蓋卜者數也是仍循數以聽天迨漢之管輅晉之郭璞始言形勢猶未言理氣也自唐宋楊曾廖賴諸師輩出於是爭談吉凶禍福瞭如掌上觀紋亦未明示以理氣之術自明萬歷以後遂有三合雙山撥砂輔星各種書出皆稱遠本海角青烏近宗一行目講入主出奴難明真偽及施用於墓宅有驗有不驗其驗者安知非幸中其不驗者安知非妄為獨蔣

大鴻暢明三元以天運之推移辨人事之休咎因形勢以用理氣奪造化以積陰功彰往察來避凶趨吉至精至靈但別有秘傳罕逢真學非虛衷尋訪難得真詮予從姪清鷚壯遊四方留心風鑑凡十有餘載乃得師於燕山證之無訛著辨惑一書以闢世俗之謬反覆窮究頗有益於當時行將授梓予爰是序之

昔在

同治丙寅孟冬叔馬伯樂星房書於隨遇而安之室

自叙

近世地學一道不患無書而患書之多偽不患無師而患師之少真初不解昔之撰偽書者係屬何心既不得形勢理氣之所以然遂連篇累牘灾棗殃梨一家之言不己另創一家之言汗牛充棟。貽悞天下人恨祖龍之不作誰為投諸烈焰之中以快被惑者之胸臆耶其挾南針以遊食者亦據偽書為藍本說幻談空不自知其迷謬彼士大夫素不究心於此一旦聞所未聞驚為神異倒屣爭迎術士遂得肆其簧鼓致令孝子慈孫一片虛心顯蒙實禍雖名公鉅卿能舉天下之生民以安全於衽席曾不能逃術士之蠱惑以自救其敗亡可憫可嘆凡歷代名師不難明目張膽悉取其訣以示天下人無如貪人苦多正人苦少特恐奸惡之人識得仙機妄希非分故有守口如瓶之戒遂蹈因噎廢食之譏然而秘之雖深於各經傳註中未嘗不直言其訣但必待家世仁德之英賢口授心傳以紹千秋之道脉何嘗以吝嗇為懷作鄙夫壟斷之計哉所患者有愷切濟世之心著書立說徒與偽術混淆誰分瑕瑜則余之嘵嘵伸辯者亦未免多事也矣

　　　昔在

同治丙寅孟夏龍眠灑灑落落布衣託於知止山房

甲戌歲表兄陳子敬謂余曰昨見有圖點辨惑加細注者余曰足跡半天下罕有知此者見之何人而解爲注既而思之是必以偽訣而注我書牽就附合則我之意轉晦乃取書自批之庶幾後作好事者無從置喙矣

地理辨惑

桐城馬清鵶泰青著　男馬　許學庭較

上卷

堪輿之術自古迄今代出名師研究推測既精且詳可謂極矣而名師間世而出不得當遇卽有口傳心授世又不獲聞多其假托名師忘稱秘訣者遂滋蔓焉所以欺為偽術以欺世者不過以枯骨無言納棺入土即受謝而去至於禍發之速近者期年半載遠者十數歲方見彼則誇其地力當在三五十年或百十年必發較行岐黃之術朝施藥而夕変症者其驗既緩因得以欺罔

世之所以受惑者由於認形勢理氣不真故決吉凶禍福無準是茫然莫之所從倘遇真知卓見者踪跡所至驗不差即是名師國手矣李師足以當之

舉世之孝子慈孫死喪破敗為害之酷筆不勝書間有偶中則自詡其真知灼見若可通神其實確有憑據者百無一人余弱冠時嘗聞風水家言又見龍角牛眠之說心竊慕之廣搜地理各種圖冊冥心思索無間寒暄凡係聲名赫奕者竭誠就正其談形勢者有精有不精尚屬大同小異至言理氣則五行三合撥砂輔星純是捕風捉影之說俗所謂鐵嘴行是也道光丁未孟夏始遇欒亭振宇李先生於京師然後知管郭楊曾之技自有真者在遂執弟子禮從遊久之盡得其傳此後蹤跡所至覆驗舊塋雖數百千者斷之無不吻合亦不敢輕

以語人恐犯造物之忌也同治甲子嘉平老友蓉溪張子囬里塋親亦精於形勢者也與余晝則偕遊夜則同榻閒余所言彰往察來之効因謂余曰胡不著之於書以示後人余昔與李師約云誓不濫傳乃得盡聆其秘今不可以背吾師又謂曰姑留真旨大槪令人知所宗可乎余不能却遂以平日與或人相問答之言筆錄六十條名曰地理辨惑訣雖不在是而亦未甞不在是慧心人一見自知之耳

問曰近日地理多門當以何者為專主曰看龍之來必須有起伏擺折有屏帳有枝脚至結穴處必須有砂

形勢理氣名雖為二其實為一有形斯有氣強分之為害以形

勢可見而理氣不可不見故提明四字於其首以後分述其體用而已

環水繞內有窩鉗乳突此等語人人能說及至覔地時拉山抵水往往皆錯盡看地之法先以形勢為體理氣為用形勢一錯則體非其體用非其用無往而不錯矣以形勢為專主深明龍穴砂水之法則於地理一道亦思過半矣

二問曰世之談形勢者於穴星每每好言獅象虎鳳猪犬龜魚羅漢將軍美女等類言岸砂則有玉屏牙笏文筆三台貴人天馬旗鼓等名是耶非耶曰不過遇有龍眞穴的之地形貌畧同名師偶為是說俗師遂相襲成風見一地即造一名以眩惑世人不問有龍無龍有穴

無穴勉强扞葬世受其愚殃咎踵至豈少也哉

讀書人勤於研究僕三問曰看地首重形勢而近世俗眼强不知以為知究

於此攀往忘裏竟如何是真眼力曰業斯術者類皆無學之徒遊食為

透徹眼底模糊遂生本無真實傳授凡孝子仁人或因葬親或欲積德須

有屋裏先生閉戶讀書窮理登山覆驗名墳多事閱歷積久則自然、

歸胸中有些領畧即可知誰為名師誰為俗士蓋理正而

有驗者為名師理悖而無驗者為俗士求得名師指示

撼龍經言星辭便是真眼力

疑龍經言引龍星

龍經補撼龍疑四問曰當看何書為是曰有形勢之書有理氣之書楊

龍之未備地学公撼龍疑龍二經吳景鸞望龍經廖金精撥砂經沈六

圖地學此數書言形勢最為的當其餘各書但言形勢者尚屬可看至言理氣則悖謬矣惟地理辨正天元五歌是真理氣之書

言曰五行撥砂言穴形之變幻

五問曰世以龍向水三合為理氣其法何如曰理氣云者天心之正運其氣巡環往來以三元為始終者也彼三合是一定之死格局如某龍來某水去立某向以乘龍消水合得生旺墓庫主富主貴雖前數十百年遇此等地也如是用法後數十百年遇此等地也如是用法而其間吉凶大相懸殊或一樣之地前為人用而發後為人用而敗或一山之上前為人用而吉後為人用而

元運遷移吉凶改變百驗百靈三合家亦明知三合之不及無此不得元空真訣祇死強辯言亦困數猶鬥之情耳

識形勢宜在知理氣之先君識得形勢則理氣一點即醒悟矣而不明形勢者偏喜學理氣有何益耶

亦如此等類不勝枚舉吾故謂之死格局蓋另有三元之真理氣操其權耳

六問曰信如是言則形勢竟無權耶曰有權形勢所生者生人之權理氣所主者興廢之權如山川平坦者則出人必温厚和平得運則生端莊公正之貴人失運則生庸懦卑鄙之賤人山川粗雄者則出人必強悍猛烈得運則生鯁直果勇之貴人失運則生兇險横暴之賤人地理固是如此亦宜參看人之家教俗習何如

七問曰發富發貴為貧為賤或賤而富或貴而貧或富貴而夭絕或貧賤而丁壽是形勢使然是理氣使然曰

形勢理氣俱有之山水得運則富貴山水失運則貧賤固屬無疑其賤而富者必遠墳非地新墳得地故也其貴而貧者必山龍得運向水失運故也其富貴而夭絕者必旺運已盡煞運管事故也其貧賤而丁壽者必地本非地而向水得令有吉無凶故也

八問曰俗師得一地必許人以富貴而實未嘗富貴何耶曰美地所主者原有四人丁壽考富與貴也而人丁為壽考之本壽考為富貴之本使無人丁焉有壽考無壽考則富貴將誰屬耶世俗惟知重富貴故彼即以富貴餌之其實有人丁壽考即或及身不富貴而居仁由

嘗見有嘆恨不發貴者視丁財壽為不足重余始笑其愚既而見貴者之宗族奴隸皆可欺凌卿竟不貴者受而不較

義視貪官汚吏之富貴孰優

九問曰嘗見世之富豪人丁壽考科甲四者當在何處分別何以有兼全有不兼全有長久有不長久曰豪富人丁壽考只要坐山主星莊重水法團聚俱在旺運便見至於科甲則要（全）看鄉會試之年有文昌魁星會於坐山或會於水口或會於（文）峯或會於向中三堂之水上俱主科甲如龍穴砂水縱美（好）到十分只主豪富人丁壽考而文昌魁星會不着科甲終不可得也所以往往有地非吉穴而亦出科甲者必其穴前後左右砂水上有文昌魁星会故也但發科甲不得大貴或旋即殞

文昌魁星聚会之法余另註挨星真詮二卷備詳作用之訣隂地上無文魁聚会若住宅試驗有之々所望

滅其久與不久只看交煞運不交煞運而已

十問曰凡人之祖墳：非一代：非一墳（穴）每見發福者或謂其遠祖得地或謂（其）新墳得穴古今聚訟將何以決疑曰遠墳所主者生貴之地新墳所主者催貴之地只看人有品貌非常學問淵博而一生不遇乃遠墳有好地能生此人而新墳無（好）地不能催之也有骨格醜陋才識平庸而遭逢意外乃遠墳無好地僅能生此人新墳有好地極力催之也倘其人品學相副遇合又奇吾知其人必有數代好墳不待登山而後知之也

実是真事面心閱歷
方知此語之妙

十一問曰形勢縱明仍當以理氣為主而三合又非真

天氣地氣是玄空着眼緊要之處

理氣則何者謂之真理氣曰人生天地間原與天地為一氣雖死歸於土又何嘗不與天地為一氣故葬經云氣乘風散所散者何散其天地之氣也界水則止所止者止何其天地之氣也而氣運之巡環往來又有上中下三元以消息之流行九宮周布八方分析二十四山占六十甲子躔三百六十度一元有一元之氣運一運有一運之用法得其法而用之斯謂之真理氣

十二問曰真理氣載在何書可得而聞歟曰蔣大鴻先生所註地理辨正並所著天元五歌二者足稱千古不傳之絕學道光年间有無錫章仲山增註地理辨正直

同治甲戌四月上虞王雪樵至合肥自云仲山第三傳门人僅知挨星而已

解天元五歌闡義尤為明晰惜乎只知理氣不精形勢廣陵人程牧雲曾言未曾與人營得墳好可為太息十三問曰葉九升之地理大成尹一勺之地理十二種何如曰彼亦曾畧聞斯道奈彼信之不專胸無主見雜收偽書不辨魚魯貽悞世人不但此也乾坤法竅風水一書增註地理辨正疏俱是未得真傳私心懸揣擬造挨星圖去道愈遠從此元空一门又添無數邪説咸豐元年京師有妄男子刻造地理正宗一卷穿鑿不經尤堪齒冷此外偽撰之書尚多愈出愈奇辨惑之作正為此輩

吾桐汪稼门先生官冏請尹一勺改扦其封翁墳旋即革職汪孫乞其遺穴以葬父遂興兩子皆科第汪瀛甲辰進士長子先培舉人大挑知縣次子先烺丁未進士

地理正宗有二其一爲嘉慶年蔣姓刻其一爲偽道也

自得法後取各書再觀如醉夢中囈語耳

十四問曰吾子何以知三元之真名師之真得從而學之曰君但知余今日得之獨真而不知余前日所遇之多偽自道光壬辰遊秦之齊至京師凡十有六年其間遇五行三合之師即求學五行三合之法遇撥砂輔星之師即求學撥砂輔星之法其待師之誠用功之苦如地理原真天機會元金玉鐵鉛四彈子地理大成地理大全地理綱目人子須知山洋指迷羅經解及各種地書日夜不懈即至相與登山但云其地主富貴其地主敗絕引證各書非不至詳且備考其人家之事跡殊大不然及遇李師也先聞友人張載勳向余云子好地理

昨有李姓客同鄉姚伯昂総憲慶其人能觀墳塋地圖卽知其元當發當敗某房發某房敗所主何事應在何年或與人談其家之吉凶成敗卽能知其墳當是某山向是何元運之地其神若此余恨不立與之一見而李已歸矣余時應漠北友人之聘乃謁姚公致渴慕之意而行至塞外甫二年丁未歲姚公來信云李又至京余辭千金之館回京往謁被拒因求姚公之言為介凡三四返始獲允為弟子從遊年餘乃得盡其底蘊歸又覆驗數年始無疑義得真訣之難如此

道光二十七年四月二十日事也

十五問曰如吾子所云三元理氣旣真且靈何以世之

一行和尚唐世高僧豈作此鄙謬之語恐亦久而假其名以欺人耳

學者百無一人均以三合為主泉耶曰三合之書唐宋元以來尚無談者自有明中葉以後如盛行於時相傳唐一行和尚之書又有海角青烏銅函玉髓赤霆黑囊各種之書其詞無甚奧義可以朝誦而夕行道故人人習之若蔣公之註引經據典語奧義深千乃古之心傳借天玉寶照二經隱仙機於註內必遇其人始授真訣否則緘口不言是世之學者既難倖傳不惟不學且羣起批謗蓋有由也

十六問曰如李師者近世有幾人曰余自戊申別師遊廣陵至姑蘇北出關歷古代迄今十有八年所遇者

或畧知大概或粗識作用俱未能造精微無錫朱旭輪所刻宅法舉隅頗精揆星之法但所言陽宅不知其陰地形勢何如此外不聞有知者或有之亦難多得也

十七問曰吾子所言先形勢而後理氣及關休咎之說又似重理氣而輕形勢曰非也理氣從何處看來凡地形長就是何龍穴當收某元之地氣長就是何向水當收某元之天氣值其元而用之為生氣違其元而用之為死氣蓋形勢猶魄也理氣猶魂也魂魄合則其人有用魂魄離則其人無靈世固無執尸以作事亦豈有招鬼以代人以魂魄為喻形勢理氣曷可斯須偏廢耶

天氣地氣即是元空入用之秘必登山指示乃可耳

十八問曰形勢雖美元運不合將棄之歟曰然若勉強用之其凶立至今至三合往往犯之及至受害或疑曰此地甚吉當是舊地之過否則曰此地是先凶後吉固應如是抑或諉之命運使然非地之過也東牽西就都只為識不得理氣

十九問曰形勢完美者已不可多覯而又因不合元運而棄之舉世不之富貴丁壽之家其地又不皆完美則理氣將如何安置曰天地間無處不有理氣全憑形勢以推測之如君所謂不完美者即有龍無虎有虎無龍或龍虎俱無或來龍懶散或穴情模糊或砂腳飛揚或

形勢者理氣之憑依
理氣形勢之生死之者
不可偏廢

地形美有理氣地形怪亦有理氣無往而不有元運在其中

迂腐之儒最喜談理氣以為有此印可以得地也

水城不顧俗師以三合五行正庫借庫四十八局加之不能以撥砂輔星淨陰淨陽加之又不能技倆既窮如是乎名之為怪穴豈知穴形雖怪而理氣固在合得理氣則形勢怪理氣原不怪也只有不合三合五行而發者斷未有不合元運理氣而能或發者

二十間曰元運理氣之應捷如桴鼓近世習元空者甚少閒有習之用亦不驗是何以故曰蓋有故焉蔣氏之書文理深奧儒者喜讀之亦只視（作）三合之書可遊覽而得也又不肯屈身從師自逞聰明肆（行）臆解愈迷愈謬者有之亦有俗士慕元空之美名口稱得傳其實一

無所得者有之抑或虛心嚮學不辨真偽所讀非書所
師非人以盲引瞎者有之故用之多無驗而元空之受
謗實斯皆之也
二十一問曰地理家言無不援引周易以為原本細核
其實不過言納甲與淨陰淨陽而已元空亦本周易否
曰元空純是周易其言大體也以天氣交地以地體承
天其言先天也乾與坤對待震與巽對待坎離對待艮
兑對待其言後天也坎一坤二震三為上元三運巽四
中五乾六為中元三運兑七艮八離九為下元三運至
其占驗所主一本乎繫辭卦象並無一絲牽強不似三

對待二字即是元空
真法明明白白而人自
不知

學者看此書次將先天後天卦象用硃墨照陰陽寫去細細玩之

合以生旺墓庫左旋右轉以定局左偏偏右中針縫針以立向與周易何涉有癡人說夢也

二十二問曰先天八卦起於乾南止於坤北豈僅於對待别無餘蘊乎曰豈止此也先天對待卦内原有後天流行之卦位並三元次第皆在其内一對待烏足以盡其用乎如先天坤居後天坎一先天巽居後天坤二先天離居後天震三先天兑居後天巽四坤三陰爻在一宮巽一陰爻在下居二宮離一陰爻在中居三宮兑一陰爻在上居四宮豈非一二三四之部位豈非地氣自下而上升乎先天艮居後天乾六先天坎居後天兑七

先天震居後天艮八先天乾居後天離九艮一陽爻在上居六宮坎一陽爻在中居七宮震一陽爻在下居八宮乾三陽爻居九宮豈非六七八九之部位豈非天氣自上而下降乎一山一水一陰一陽一升一降名曰對待實具流行立穴於中五之區乃天地真交合處乘得時運焉有不吉者彼三合家徒以支離之辭攀附易周者烏足以語此元空之學固非操瓢之士所能望也

二十三問曰人咸言三合是脊山之法三元是脊水之法曰非也人之爲是言者因見蔣公之書言山之處十之一言水之處十之九殊不知山係形勢楊曾吳廖諸

世之屬此言者甚多不知山與水相對無水則地氣不止也

數十年所遇不下万餘
輩口稱精元空者不遇
習乾坤法竅風水一書
地理辨正疏之類

公已言之在前獨於理氣秘而不宣彼言山者不更言水是以蔣公但言水不復言山且天玉寶照經中何嘗不有山法楊公作撼疑龍二經不言理氣者恐混淆使形勢不明也故作天玉寶二經不多言形勢者亦恐雜亂令理氣不暢也蔣公依經文而註之人遂謂之只知水法何其謬耶

二十四問曰習三合者固多而信三合者尤多精元空者甚少而信元空者尤少至於畏之謗之何故曰彼三合者家絃戶誦則耳濡目染者久故信之不疑即或用之不吉亦祇空怨地之不佳不知法之不是學元者既

鮮真傳苟或悞用無益而有損遂羣相驚駭望風而靡不知用之差錯而謂術之不祥焉得不畏之謗之然真訣在是信與不信關乎人之福澤有緣法有天數焉不然管郭楊曾楊在當時不聞人人求之惟身後思慕而已無及矣

二十五問曰有用奇門葬法者其術何如曰元空即是真奇門龍有龍之三元水有水之三元流行九宮年有年之九宮月有月之九宮日有時日時之九宮龍水之元運得失僕年月日時之九宮神煞加臨吉凶禍福立應一絲不爽俗師只有三奇六儀飛布挨加以之占數

龍之所行地氣也水之所行天氣也元運內有地氣有天氣最要分得明白

雖此數語盡見訣也

修方選擇日時則可以之葬墳則大謬此皆舍形勢而
空口言神煞之流也
二十六問曰既云形勢理氣統歸三元運氣主持又何
以有年月日時之異曰形勢為體理氣為用如一白運
之地可管百六十年二黑運之地可管百四十年三碧
運之地可管百二十年四綠運之地可管五十年六白
運之地可管五十年七赤運之地與八白九紫運之地
俱各管六十年至於五黃運中以前十年屬之巽後十
年屬之乾偕收二八兩宮者乃奇[門]宮之說也此乃
得訣後覆驗古墳所得者與舊說微有不同其年月日

三合家葬地未嘗無碰着之時惟元空家獨瞭然用無不驗耳

時又為用中之用一層一層的用將來非淺躁者所能窺測

二十問乙曰理氣既已為用何以年月日時又有用中之用曰當令之運二十年一小遷移六十年一大更換百八十年週而復始而一年又有一年之運一月又有一月之運如斷墳地何年出科甲之法須看二十年大運與每年每月之運文昌魁星能否會山向砂水之上當在某房發科發甲生氣旺氣能否會山向砂水之上當主某房添丁並財可預知亦可預作也又以年三白與月三白所臨之方安床開門可以催丁以運之生旺

與年月之生旺合移居改灶可以却病招財均有奇驗

二十八問曰理氣既有長短將毋限滿即便敗絕曰地有南北之異其絕與不絕亦有異如南省山龍一山只扦一穴倘龍水運敗則竟敗矣若另葬一得運之地則又轉敗為興矣如北省平陽龍穴情寬大附葬多棺倘正穴龍水交敗運其附葬於左右者其穴內所受龍水之氣移步換形與正穴之龍水亦有異　其興其敗當於此中推測不得拘泥

二十九問曰每見北省富室多悠久南省人富五不代當於何處決其異同曰是不難此省地平曠按昭穆可

北省風俗近厚而樸其悠久大半因此南省風

俗近房而服食繁義君家教素嚴兒孫又能遵守者亦可悠久否則不再傳而敗未可盡責之於地

塋多棺得一吉地故數代富貴或數房同時富貴南省山龍結穴於高鉗乳突其小者僅可容棺稍偏必侵界水勢必一代之後另扦一穴得地則可否必敗矣故南不如北地勢使然理氣原無別也

三十問曰昔人有言塋得吉地之後所生之人方是貴人若已生之人後得地者與伊無涉其言是非曰得吉地生貴人其言甚是若人已生而得地不能與伊無涉余前所云地能催富貴丁壽者正催已生之人也豈可云與伊無涉試看人當正盛之時忽葬凶地其人立見敗絕豈非明效耶

三十一問曰吾子之形勢必用理氣之對待然則子龍必用午水乾龍必用巽水矣曰不能如是拘泥所謂對待者用法中秘妙難以顯言但子山午向既以子為山則山必有化生腦既以午為向則向必有小明堂此穴內之對待也穴後有主山父母山則穴前有中明堂外明堂所以寶照經云安墳最要看中陽寬抱明堂水聚。囊出峽結成玄字樣朝來鸞鳳舞呈祥外陽起眼人皆見乙字灣身玉帶字樣長更有朝來內陽坐穴法神機出處覔仙方是言形兼言氣是言水兼言山俗人不知遂謂亢空只是水法

所謂三陽者以其屬天氣故謂之陽內陽切近於穴故言神機仙方

小明堂爲内陽照
穴之真憑實據

三十二問曰主山端正龍虎均齊水出當面是真對待倘有龍來作案虎來作案水必有到左到右之别其對待當何如曰善哉問任他到左到右而結穴處後必有脉有腦前必有微茫水小明堂先於此處認定真對待至於到左到右乃本宮之内水口察其理氣合得何元何運運吉則吉運凶則凶在左屬長房在右屬小房俗人每謂有龍則長房發有虎則小房發殊不知吉水在左雖無龍而長亦發吉水在右雖無虎而小亦興凶水亦然曾見人子須知書内有一圖云有龍無虎大江在右小房大發集無以自解忽悟云水纏即是山纏自以

此語出自雪心賦

為奇殊不知山陰也水陽也以水為山將陽作陰呼男代女豈不令人笑煞

三十三問曰南省山龍多係龍兜作岸或近山遠山來作朝岸北地平陽四望空廓有一水橫過畧一灣曲即就灣曲處而立穴者或一水直流旁有一水揷入即就其合入處而立穴者或水橫過左有一水揷入右有一水揷入中間一塊方平如几即就其中而立穴者既無化生腦又無小明堂到此地位毫無把握當如何安置

山龍平洋無處不有
理氣無處不有對待
有地處無合運之對待

對待理氣曰一水橫流謂之靜畧一灣曲謂之動水雖直流謂之靜有水揷入即謂之動陰靜陽動靜則死而

亦主敗絕無地靈有合運之對待亦主丁壽連財

無用動則生而有用形既動矣氣即隨之察其屬何卦屬何元運乘其生旺而扦之無不利者內中自有一個對待在人見其不似山龍之易尋只見其依水點穴故謂蔣公元空是看平陽水龍之法殊不知其同一理也且元空自古有之非蔣公所創造乃是自蔣公表而出之世之謗元空者競直指蔣公殊可哂也

看地時一絲不可忽畧俱是緊要之語

三十四問曰平陽之內外水口當如何看法曰於貼身靈有三叉交合即以三叉交合為內水口自穴上看其來水初見之處與去水不見之處為外水口天元五歌所謂去來二口死生門是也至於水從前過有停蓄有

天氣動地氣應地氣
天氣應有動有應
不動不應

轉折或岸有崩缺之處皆謂之動俱主人之禍福穴上不見者不論

合印合對待之理氣
不合印不合對待之
理氣也

三十五問曰水旣横過又有去來二口焉能盡合元運曰有盡合者則房房皆利其邊合邊不合者則房分中有利有不利然氣運有往來故有彼此互為興廢之不同

三子

三十六問曰房分公位之説各有不同張九儀云孟在

三右

左仲在向季在右四在孟仲之間五在坐山六在仲季

二向〇穴

之間若七子八子則無處安頓矣達地靈又云左砂屬。

左長

長右砂自右肩為二房往下數去至砂尖為止不拘多

少皆右砂三合家以長生為長房一順輪排或以孟、左季右之法諸家之説不一究應如何為是曰余初亦用此考驗多次均不合法惟孟左仲向季右之説尚是若四子五子與十子者均無定準不得已隨地考核久乃透徹蓋從右往右排去不拘多少房分各占一位僅一房者四面均歸之兩房者一居左一居右三房者則孟左仲向季右如九儀之言七房者左為長往右排為二為三其第四房正在向上復往右排為五為六其第七房居右之末如有九房則長居首九居末其第五房正在向之左六在向之右若有十房則五在向之左六在向之右屢試

七子　向
五六七右
○穴
三二一左

九子　五向
六七八九右
○穴
四三二一左

十子　六五向
七八九十右
○穴
四三二一左

此係考證多墳而知者
雖百子亦有位置之需占

能判其孰吉孰凶也

不爽又有從覆驗中考得者如其人未葬時或長房已死則塋墳之後次子居長如長房位上有吉凶則代長當之如有多子已死數人即以塋墳之日照現存幾子孰為長孰為仲季按公位排算此皆古書所無者今特指出亦當以真理氣斷之始驗若以三合輔星等法猜仍是百無一驗

三十七問曰士大夫家以讀書求名為重將塋親大事付於術士之手今聆吾子所言純以周易為主然則地理非小數也曰周易包羅萬象大者不外乎天地人三才而已通天文者可以知四時代謝水旱災祥以養生

自得訣後往昌平州觀有明十三陵復以明之史鑑證之其興其廢國之得失歷歷可知況民間之墳乎

明地理者可以知九運往來趋吉避凶以立命人能為貞吉之君子勿為悔吝之小人以與天地參孟子曰惟送死可以當大事誰謂地理為小數耶彼術士既無真實學問不能不苟悅取容望門求售無怪乎富豪役之如同厮僕道以人卑故以末流小數視之

三十八問曰天文地理人事即此地理以配三才乎曰何嘗不是大龍大幹到頭處形止氣蓄鍾靈毓秀以誕帝王聖賢大江大河迴合處建都設邑控制八方以居君國卿相得其氣運則國泰民安失其氣運則時衰世亂人但知萬事皆由天定孰知地理亦有主持乎遷豳

卜洛晉絳楚郢國之興廢因之若山川險阻戰守所憑
土壤瘠肥農桑所恃乃孟子所謂地利非地理也
三十九問曰地理所關者禍福世人遂因求福而後謀
地至有道學先生力矯其弊遇地即葬可以為世法否
曰墳猶樹根也人猶枝葉也有地脉處則根肥葉茂無
地脉處則樹瘦枝枯若以安祖宗之骨為念則可若以
邀己身之福為心則不可蓋人事之臧否乃陰地之徵
驗也若以世無名師徒亂人意不如自擇避風避水乾
暖之地則可若故欲矯俗隨意從省埋塟則不可如程
邵朱蔡非大賢耶而於葬事其難其慎亦不過欲安先

古禮墓按昭穆附葬
毋須另擇以人死即葬
為是今北有尚行之
雖於禮為宜然新
墳有碍於老墳或老
墳有碍於新墳亦
不暇顧恤依礼而已
今之求地者意在
精以求精未為不是
但不宜久曝露耳

人之靈盡其心焉已爾
四十問曰南方有高山大壠平罔北方有平原平陽水鄉有平洋而高山大壠平原居高臨下則多乾流平罔坦緩則多水繞平陽寬則以溝以路為用平陽洋低則就水立局其理氣異同曰高山大壠平罔平原不過有高峻平坦之異而開幛過峽成局結穴朝案護砂俱是一樣看法有水無水是一樣用法俗眼不知每以穴高水低為嫌者謬也平洋之地行龍處雖不見有龍而兩水相夾中即是龍結穴處雖不見有砂而水灣即有砂灣砂遶纔有水遶所謂兩山之間必有水兩水之間必有

此須先研

此節看平洋之法

地氣行於地中天氣行於地上若平坂一片則氣皆行而不必深至數尺或尺餘則天氣交於地中或湾環繞抱或三叉交合其地氣遇天氣而止即是天氣遇地氣而止謂之形止氣蓄

山正是謂此若山壠岡原何用說耶其平陽以路為用者路必深至數尺淺者亦必尺餘依形就氣而用之一樣發福倘深不滿尺即或用之亦無效驗所以然者行龍結穴乃陰氣所凝之處溪澗溝路乃陽氣所行之處陰逢陽界即止山環水繞即是陰陽交媾天地鍾靈毓秀之區山壠岡原平陽平洋都無二致雖舉天下之地不能出此圍範

四十一問曰理氣純以九運為主又以年月日時為用。為尅應之期其八干四維十二支將無用耶曰伏羲畫卦只有八卦其十二支亦上應天之舍次古人製造羅

本義原是如此孰料後世三合圖之穿鑿貽害於人遍于天下

經分析八方為三八二十四字子午卯酉所占之位卽坎離震兌之宮子坎同是水卯震同是木午離同是火酉兌同是金故用子午卯酉不必更言坎離震兌也乾坤艮巽正當十二支之隙又是本卦正位不必更假名字其子午卯酉左右隙處以壬癸屬水故附於坎宮以甲乙屬木故附於震宮以丙丁屬火故附於離宮以庚辛屬金故附於兌宮原屬一體同氣之義甚屬顯然後人從而穿鑿甲不為木而納於乾金乙不為木而納於坤土如此等類使五行各失其性甚至甲或附於寅而為寅午戌局或附於卯而為亥卯未局以至有乙丙交

而趋戌辛壬會而聚辰土牛納庚丁之氣金羊收癸甲之靈生旺墓庫左旋右旋令學者至死不悟其實所係者全在乎元運與太歲所躔之宮主之如一白坎當令○即地支之子逢太歲在申子辰午四年應之子年為填實午年為冲動申年為催合吉則應吉凶則應凶如犯一支則四年應之犯二支八年應之犯三支則十二年中無休歇矣獨乾坤艮巽四宮之內皆得地支两位冲合填實當有八年遇吉砂吉水太歲值年世人見其發之速而且久莫知其所以然遂呼曰乾坤艮巽號御街四大尊神在內排不問氣運之得失胡亂用之一遇凶

此乃由考驗而知惟元運之吉凶用之於靈觀余書者何不依言留心所考證之

倘得訣者觀此無
不是明白直言

禍又呼乾坤艮巽爲殺人黃泉矣
四十二問曰大運六十年小運二十年何以一白有百六十年二黑有百四十年三碧有百二十年之説曰一白與九紫相對必九紫當運則一白之地方敗如上元甲子甲戌二十年一白正當運大發至二黑三碧運内則一白尚有餘氣故仍發至四五六七八運内運雖過亦無凶故云百六十年若甲申甲午二十年二黑主運固發在一白運内同是上元己可用之二與八相對交八白管運即敗故云百四十年若甲辰甲寅二十年三碧主運交一白運己可用之至本運大發三與七相對

交七赤管運三碧始敗故云百二十年中下二元之地皆做此總之上元六十年三運之地皆可用必至本運而後發耳中下兩元之地用法同此

四十三問曰巽乾於中元運內何以各五十年曰各卦本運只二十年惟中五運二十年前甲申十年屬之巽三碧運內四綠之地已可用故有五十年後甲午十年屬之乾七赤運內六白之地尚有餘氣故有亦五十年然一白九紫兩運之內四綠六白之地亦各有二十年旺運用得錯者大發用錯者大敗此一說惟李師知之余考驗之信然

已曾詢過數人上下元運內將中元之砂水以本運何消納皆無以應

此亦是訣

緊要之處全在於此

重讀只有兩字即可知其意矣

四十四問曰五行一訣非真術城門一訣最為良何所指曰即穴後入首束氣之處與坎前放水出口之處也乃形勢兼理氣而言對待元運皆在於此吉凶禍福之柄亦無不在此

四十五問曰天機妙訣本不同八卦只有一卦通如何謂之一卦通曰本是說得明明白白被後人越解越錯竟有說是以此一卦去通那八卦以至愈迷愈謬蓋為理氣言也所謂一卦通者乃是當運之一卦用之最吉謂之通言八卦不能皆通也即余前篇所云某卦之當運二十年是也

已明〻指出奈人之
〻視〻何

此篇傾囊倒匣之言
換星大旨不過如此

四十六問曰何謂合得天心造化工曰世人但以點穴處橫直度量十字相交為天心又以明堂水聚處為夫心是形勢之天心非理氣之天心也理氣之天心乃其元其運管事則其元其運即是真天心識得天心以此祭人間禍福用此趨吉避凶奪天命改造化全係乎此即以此運入中按陰陽順逆飛布所謂顛〻倒者所謂星辰流轉要相逢者人用中之用不經口授烏能知之

四十七問曰凡結地之處或數十里而結一穴或十數里而結一穴或三五里而結數穴者不等究之遍地皆人所葬不盡得穴小康者有之自給者有之亦不皆絕

閱歷人事大抵以此案可盡風水亦案可歸咎於風水

子孫相繼間有繁衍者地之力耶運之力耶曰其地固不得穴亦必地勢高燥平穩無凶惡水沖射即能自給有得運低小砂水顧照即可小康而子孫繁衍矣然亦當以人事參之倘其人庸懦縱有吉砂旺水蔭墳亦只平平倘其人勤能但無凶砂惡水侵墳亦足自立此以天時地理人事參合之妙千百中不爽毫髮

四十八問曰繼父之墳能發承祧之子乎曰何獨不然試觀人家不利女丁者或産難或淫奔不特其女應之即其媳亦應之雖菴刹寺院僧道之墳尚能蔭其招養之徒豈有繼父不能蔭承祧之子孫耶但媳之吉凶毋

家與夫家參看而承祧子之吉凶亦當本生與過繼者同看俱關係兩家故也

四十九問曰今人皆欲謀大地甚至謀得極不堪之地轉不若不求大地得一乾暖之地無凶砂惡水冲射用之好否曰較之胡求大地而得禍者亦不失為中策但貧人得之仍如是貧富人得之仍如是富地稍有一分好處則富者必加一分富貧者必減一分貧倘地有一分壞處亦然勿作妄想但求安親勸得癡人醒亦是無量功德

道光年間有張姓患桐俗停喪謀地欲福其後而為之偶遂舉其先柩而率意葬之適日即暴卒無何長子亦死人愈為之疑懼而不敢葬矣

五十問曰北省人死即殯即葬南省人死厝棺不葬甚

岳武穆葬母有謂其地似王樞密家葬遂地時王樞已死苗劉之難無何三字獄成岳竟見害於賊檜乃遠墳吉近墳凶之故

至停留數代積累十餘棺以待圖謀風水而所厝不吉遂愈久愈貧至不能葬或夭絕無人固毋論矣閒或有力者一舉而葬數代之墳其吉凶當如何斷曰只看其現在之人近身父母之墳與遠祖之墳同吉作吉斷同凶作凶斷若遠墳吉近墳凶仍仍作凶斷遠墳凶近墳吉仍作吉斷近者最要故也

五十一問曰越是富貴人越喜厝棺不葬彼意謂得力於遠墳姑厝新棺或在野或在家以為無碍曰毋論遠近只看頭上一棺不拘墳厝最緊為要如父母在即看。祖父母之停葬處祖在則看曾祖之停葬處依運斷之

雖停棺在家亦與墳厝同察其禍福如掌上觀紋世人每以近棺未葬有吉有凶盡歸之遠墳豈不大錯

五十二問曰嘗見淮水以北有築圍墻以葬墳者其法何如曰余亦曾見之惜乎彼所用者俱是三合輔星之法若依元空理氣用之其力亦不減於真結此平陽權宜之計如水鄉平洋亦可用之蓋平陽平洋無砂繞護四望無收擇得高燥寬敞之地立穴於中去墳四五丈築墻齊肩四面圍之隔卻凶砂惡水令墳上不見開門於元運當令之方照水口城門之例亦能發福不替

五十三問曰墳地既可築圍則建樓閣屋宇以當護砂

其墻宜厚高不遮日低不見煞高低適中然後有益其凶砂惡水宜遠避隔得住左右近在咫尺亦無益也

甲戌年都天在辰巳令
肥王姓之隣買月在巽
方造门樓不半月王
姓猝然中邪死
丙子年都天在戌亥
余長嫂傳衷廚犯
都天喉姪移之遲疑
未決姪以六月朔庚
七月朔遂亡
其重在门者陽宅以
天氣為重故也

挖池塘溝渠以為界水亦有効耶曰嘗見人家陰陽二宅之傍別家改造屋宇穿浚溝渠而此家敗者忽然而興盛者忽然而衰非職是之故歟彼既有幽乎禍福則依運而造者正所以奪天命改造化也若於四隣之墳宅無碍則可倘有碍於四隣墳宅恐傷天理切不可為

五十四問曰據宅法舉隅所云天心一卦四十八局門宅層間內外六事條分縷淅備極詳明五子尚以僅知陽宅少之然則陰陽二宅用法不同曰陽宅重局不重龍重門不重山其起卦挨星之法最重是向移門改路只在土木之工轉換之際氣因門路而入吉凶隨之若

朱所輯宅法舉隅二冊江浙盛行然其用法重挨星向輕對待所見亦偏

陰宅山法先在尋龍點穴然後立向消水純是天成一些差池斷送人全家性命彼朱旭輪乃無錫人與章仲山同里又先後俱是道光年間人且是訣非傳不會雖蔣公尚稱其師為無極子彼二人著書不言其師為誰氏已屬忘本之人廣陵人曾向余言章仲山遊維揚巨○族爭延之徒手得謝禮萬餘金不曾與人葬得好墳乃熟於理氣而昧於形勢者也是以因章而疑朱恐其僅知挨星之法而昧於形勢耳

五十五問曰天玉經云乾山乾向水流乾乾峯出狀元坤山坤向水坤流富貴永無貧午山午向午朝堂大將

値邊疆卯山卯向卯源水富貴石崇比諸解不一雖蔣公亦未切實指明曰說形勢說方位而暗言理氣（此是秘妙於形勢方位中也至於狀元大將亦不能拘泥但乾為八卦之首又其為天門遇龍穴砂水極真極美（方）之地合得元運又有文魁二星會合自然出狀元倘稍有不的亦可出科甲不能掄元也但乾山乾向水流乾乾峯出狀元其乾字上當下一或字或乾山或乾向或乾水或乾峯必遇文魁二星會合之年月始然否則富貴而已其餘乙山皆是如此不僅乾山午山卯山坤山四卦己也但峯秀水曲者貴峯肥水大者富出人物俊

秀渾厚亦在此上分余曾見直隸蔚州李氏葬地當出文狀元其家習武竟中武狀元可見習染使然地亦無如之何矣曾見人家藏偽造之元空珍為秘本其解乾山乾向水流乾後（言）天乾上來龍為乾山朝先天乾為（云）乾向身坐後天之坎以先天坎上之（水）為乾水或用飛（水）而挨排由坐山挨起由向上挨起由來水挨起由水口挨起看乾所泊之方為乾山乾向水流乾種種謬語以亂真傳殊可惜也

此説出於天驚訣蔣公自云辨正天元歌之分別無書則天驚訣之偽可知矣

五十六問曰南北各省竟有荒陋州縣從古迄今不能出一偉人亦不出一科第何其凋敝一至於此曰大凡

桐城戴南山清初〻名榜眼也曾至舒〻烏沙教讀五年至今烏沙文風獨盛他處足徵斯文有衣鉢也

名都巨邑所占者皆風水之區一要城池得地二要官署合宜三要文廟合式四要書院培養英才五要士著人士立志向學再有醇儒指教自然文人蔚起矣不然既不向學又無指教科第功名焉能從天而降耶如余所謂龍穴砂水文魁會合之處豈百里之邑竟絕無一有有是理有是事乎如近世河間人多閹宦石埭人多衣工撫州人多書客溧水（人）多藥商曹州人多響馬南（人）陽潁州壽春多掖刀捻匪之類蓋由比屋隣居見聞如是所行為竟如是矣豈有大成山水專出宦者衣工書客藥商響馬掖刀捻匪之地者耶朱博短衣齊變楚俗

其教化原在人也

五十七問曰世有龍穴砂水並無瑕疵之地不惟不發甚至敗絕曰此即是不明三元理氣僅據形勢之美好不待合元合運之時而即遷葬吉氣未到凶煞先來故敗絕相尋遑云發福彼世（世）之捨理氣而專尚形勢者可不懼哉

習堪輿者便就此中覆驗覈實自可醒悟否則空談理氣無益也

五十八問曰墳地以元運判興廢既鑿鑿有據在未葬之時尚可趨避設若已葬得運之地忽交失運之時將舉其墳盡遷之耶何以未見古人有是事者不特不見有是（事且有）自上元發至下元而不敗者是何以故曰（事且有）

吾桐張氏以有學後乃祖墳自一世至八世皆是之美地遂出父子宰相合肥李姓氏亦有為長安非而蘇其祖墳自高曾至封翁亦皆吉穴竟賜爵大拜此余耳聞其事目見其地孰謂積德者不獲報耶

理自在但人不知耳如今日我明〻指出得運失運之效如是世故無致遷之理而彼自得運至失運之時而敗亦不過懵懂受之而已初未嘗偉絕也亦有三元不敗者並非上元一墳能管至下元蓋一百餘年間人非一代必有新墳乃上元有上元之老墳至中元又遇中元之吉墳即至下元又接葬下元之新坟所以能如是悠久此非積善之家有大福德之人不能

五十九附曰世有古先師鉗記之說預定大地將如何發達並未言當在何運發曰鉗說之說尚亦有之彼不過據龍穴砂水之美好而言固未嘗言元運亦未嘗言

世之信鉗記百計營謀搆訟破產淡葬則絕筆不勝書皆鉗記之為害也葉九升地理大成雜收各書毫無主見而能闢鉗記之謬頗有卓識

不須元運且元運之名古師隱而不宣自大鴻氏出慮偽術之混淆貽害世人故將元運特表而出之原屬一片婆心俗子既不能窺其堂奧遂以為駭見駭聞又有一種慕其名不得其傳自創一解惑世誤人致令謗元空者紛起從此元空一道又復難明真偽殆天不欲斯人盡聞妙道而生此種〻魔障於世間耶

六十問曰鉗記之說果有信否曰有可信有可不信其可信者古仙師遊踪所至見有美地未遇可葬之人特留鉗記以待將來有德者其不可信者乃俗師受賄市奸假托鉗記以行詐欺愚且古師鉗記最著者莫如郭

昔余家有一鉗記地被族人以詭計謀去葬之先考深以為憾及余會地理往觀之乃亦世也與鉗記所言不符其不足信如此

景純劉伯溫皆抱負王佐之楊筠松賴布衣皆高蹈隱逸之士旁通雜術偶一為之非若近世術士專挾南車遊說富豪之門惟知哄騙衣食者捏造鉗記飾繪圖形不如此惑人不動也真識地者何必鉗記

此書中有筆誤抄差失落者例有表記可認

此書原文刻板因當時失傳故隨筆錄之

歲在壬午時序清和 安定胡煜明抄

此書中筆力不精倘後之同人觀之
豈笑余鄙無奈字之精美或天生
或苦功奈余家事忙忙未能用功也
後之君子觀者諸原諒焉

靜思居士謹識

乙亥八月在杏之避暑中見有献地理書者曰元合会通將三元之合強使為一云是蔣公得司馬頭陀水法改而為三元之法曰地理通条云玄空者水法也玄者北方水色故為元空以怪誕之言令人齒冷

地理辨惑

桐城馬清鶚泰青著　　男馬許學庭較

下卷

同治甲子之歲余為辨惑六十條嗜痂者遂傳鈔披玩有二客肙然而來欵門而問曰近讀子辨惑一書洵屬見所未見然既著書以傳世何不直指真訣使世人如暗室見燈窮途得路詎不快歟何以作半含半吐之辭非辨惑（是）滋人之愈惑也烏用子辨哉曰所（謂）辨者為（是謂）人之惑於邪説特辨之使去其惑耳客曰今既熟子之辨矣是以造廬而請其真訣可得聞乎曰余昔者足迹

近日冒昧求訣者不責己之無禮而謂余之吝傳每不自檢之甚矣予日自行束脩以上吾未無誨焉所以如此者不過其誠敬信而已

半天下竭貲致敬久而乃得今君欲於立談之頃即思得不傳之秘夫奪人財者謂之盜君直欲挾吾之肺腑烏乎可客曰非謂是也以子之辨必示人以真知灼見夫道莫大(於)聖賢之學其為書也惟恐人不知不明如(於)子之言是惟恐人能知能明也曰聖賢之學乃庸言庸行之常化不善而止於至善純是順乎天理若亢空真訣有斡旋造化之權使善人得之以獲福尚是順天理使不善人得之(以)邀福直是逆天理逆天理之事敢為(以)之耶且禮聞來學不聞往教即令學者不似余疇昔待師之誠敬尚不可得豈敢(更)顯然著之於書不分善惡而

東華錄載康熙時欽天監已然三合而用三元既有三合之徒借西洋南懷仁為之証是三合而非三元遂復用三合嗟乎南懷仁夷人也烏知地理之是非耶

語之哉投明璩於濁水置美玉於污泥愚者視之等於砂礫智者惜之將罪其投置之人矣君謂余秘而不宣吾寧受隱秘之誚而不敢受投之置也罪其一客慚憤而去一客屏息足恭而前曰誠如是言將遂終不傳歟曰非也適所與言者不自揣之人將以地理濟其私欲者也余是以拒之苟能體善善惡惡之心則人人皆可預聞真訣是地理與天理為一也余曷能終秘之哉難其人耳遂相與問答復得四十條續紀於後焉

六十一問曰青陽桂丹崖諱超萬者精三元昔未第時居京寓必改易其門路後由兩榜即用其居室每月必

文昌魁星二者凡局山
廟間門路砂亦在 作者
用之得法再遇元運
興年月之文昌魁星
会合科第最靈驗
載撥星真詮中

遷秘竟以觀察在閩東臬權藩而終曰余初入都即知
其名惜未見其人而測其所行所謂必其墳已得地彼
又以撥星法施之陽宅耳其改易門路以求中者即前
所云取文魁二星會合之處也其每月遷移居者是室
取生旺之氣以趨吉避凶也又聞其建造宗祠之後煙（也）
中武舉子點庶常殆亦深明體用作法方能如是
六十二問曰千里尋龍到頭一穴而各書或云過峽高
則結穴高處過峽低則穴結低處或云岸山高則穴高
岸山低則穴低或云看龍虎二砂以定穴之上下或云
以八卦九星五行以定穴之深淺者究竟如何點穴法

曰從峽上定穴者乃術士惡習誇張其辭於步龍時預決穴之高低即至到頭勉強牽就此等之人余屢見之以岸山定高低者恐其高壓故岸高則高點岸低則低點若岸山遠雖高何嫌以龍虎定穴者倘本身無龍虎將如之何至以八卦九星五行定穴者更屬迷謬蓋地脉生動比之如龍者特因其起伏擺折而云試看來龍祖山粗雄跌峽一次則山漸秀嫩愈跌愈佳即至結穴山形土色全異而靈氣聚矣如無跌斷必左右擺折遇（氣）擺折處必分枝開帳以洩煞氣大則為蒹葭枝小則為水木蘆鞭之類即至結穴砂纏水聚而生氣凝矣如是

凡過峽有仙橋仙帶在穴後者與水木蘆鞭或文星形皆主科第及清高人士

認穴之妙無逾於此非踏穿多隻鞋底歷徧古昔名墓心領神會者未易言此也

手窩鉗乳突之形成浮沉高低之法定若是小小窩鉗乳突是為少陰少陽即在其上點穴本無疑義倘窩鉗寬大是為老陽老陽不可用須於老陽中覓少陰又當於窩鉗中求乳突即為少陰倘乳突肥大是為老陰老陰不可用須於老陰中覓少陽又當於乳突上求窩鉗（於）即為少陽若大窩鉗中無乳突大乳突上無窩鉗又有求暈之法窩鉗之暈如人心坎中跳起處略有一點高影是一陰初動似有似無便是穴暈乳突之暈如小兒顖門上吸動處略有一點低壓是一陽初動若隱若現便是穴暈立然（穴證此自）水朝砂應龍繞虎馴其巧妙（穴於此自）

點穴至此必細如髮

處暗合天機俗師動云尋龍點穴豈易言哉豈易言哉

六十三問曰山岡尋龍點穴之法尚可習見習聞其平陽平洋尋龍點穴之法僅見水龍經具其圖形究未顯言其所以然點穴理氣之法曰大江以北東至齊西至秦北抵幽燕平陽居十之六七平原居十之二三高山大隴僅十之一二而葬山者甚屬寥寥無不從事於平陽平原之地然北人俗厚質樸業青烏者無幾蓋不善作欺人之事不似南人誑罔詭譎競挾南針自稱妙手者之多也至其尋龍點穴亦無真知卓見大約依局定穴者居多其得穴與不得穴發與不發亦在人幸不幸

楚北來一張姓遊士大言元運非是人而自云得千古不傳之秘集習六壬數乃占課以求地乃古人灼龜卜葬之法偽數不中將奈之何總由於真訣難逢彼得以肆其邪說

耳余與李師遊其看平陽之法於綿渺一片之處細察地氣之隱隱隆隆如人肉上之筋皮中之脈若有若無高一寸為山低一寸為水也有帳蓋也有迎送也有過峽也有入首至結穴處或以水或以路或以低淺之地纏繞交護龍穴砂水樣樣俱全其真穴形亦分窩鉗乳突窩大窩小求浪覔求暈一與看山法同總要乘得元運生旺而用之其發可翹足而待至若平原在原望下之如(下)同高山及在原上則砥平如掌一望無際與平陽無二其結穴處有在原邊者有在原角者有在原盡頭者有在原之中者若在邊者則下臨崖岸彷彿大江大湖之

平陽之法雖以南用者漸少更難於山龍須全副精神目力而後能定其穴

平洋之法大江以北
罕有用者

傍必左右有溝渠插入交滙即在其交滙氣聚之處立
穴其在冉者仿佛大水轉灣處形象圓淨理氣清純即
在其圓淨清純處立穴其在盡頭者則原勢漸底亦有
枝脚作龍虎拱衛與高山大隴乾流結穴相類其在原
之中者四望不見岸邊有溝渠則就溝渠有水路則就(边)
路水其認脉審穴仍與平陽同此皆從來無人細辨者
六十四問曰江浙盡屬平洋六朝以後代出名流而看
平洋之法可得聞歟曰平洋遍地水田皆人力瀦蓄者
耳當其未開田以前亦與平陽同一類也今雖已改地
為田其有龍有砂處田必高其界水處田必低過峽處

以上三節俱是要言神而明之然後可以因形察氣

田必底窄闊帳處田必橫寬其結穴處高田為砂抱護於外低田為水環繞於內結穴之田高不過砂低不侵水相度形勢或深埜或淺埋或培土結盤以迎生旺之氣蓮作用之妙存乎其人亦必積善有德之家乃肖為之施力耳

世之學偽元空者甚多此蓋有天意焉有緣者信其真者無緣者信其偽者

六十五問曰人咸謂元空之學只重理氣不重形勢今聞子言重形勢莫精於元空者學矣何以習三合者詆之不遺餘力曰是有故焉元空之學可以挽回造化必擇(餘)人而授必擇人而用則術者不得其門而入不得不挾三合以求食遂以詆毀元空為能事俗人無知助之誹

或謂世間名師少者乃積善之家少耳人不積善天多生名師有何用處雖有名師寧見信無是此意哉言也甚有理

謗而元空家懷不世之秘訣方晦跡韜光以避世俗糾纏無心與之分辯亦不屑與之分辯彼皆自作自受者蓋天也命也

六十六問曰高山大壠平原平陽認龍點穴既如此其真且的宜乎古今名師扞葬皆當在大幹大枝特結之處立穴乃考之殊不盡然其傍城借局牽就用事者甚多曰是亦有說或正龍正穴當未可用之時用之恐致禍不如就其偏側可用者用之以邀福或見葬家德行淺薄不欲逆天以行事姑以其次者應之盡以年代人事細詢之自見

古之神仙往往為忠孝之人指示葬地故俗呼習堪輿者謂之地仙亦因其識力高妙能轉移禍福貴賤無異於仙尊之若今之圖財餬口者謂之活無常可也

六十七問曰元空之術不云可以此行善積德何以又有不輕為人施用之言豈不自相矛盾曰所謂行善積德者乃遇人家丁稀壽促宗祠垂絶者為之扦一丁壽之地遇人品學優長而貧困不售者為之扦一富貴之地遇人世代仁厚又逢大地理應指示或其人世無大惡身遭奇殃為之轉移化否為泰只要其人敬信不取謝金是謂之行善積德倘其人挾富挾貴陰隲全無希望非常福分以利為餌遠近奔趨若此等人決不輕為施用余親見李師為一親王看生塋徵嫌地狹王問其奴曰傍是何人地奴曰民地也王曰可將我之界移過

去李師怒曰何不以價買而奪民之生產手怫然登車而歸王踵至寓謝過李師却聘不顧星夜命駕回里亢空門中書以濟世救人為念視王侯與乞丐均人也豈在富貴貧賤上分向背耶

總之元運內天之氣也氣作二氣用今之言元運者將二氣認為一氣所誤非小

六十八問曰舊墳舊宅改向改門可以轉禍為福否曰陽宅能陰地不能陽宅以門路通陽氣出入故門路在衰敗之方不吉可移就旺運之方則化凶為吉矣至若陰地以水口為門以元辰水為路者也若塚之上立（土）碑為向非門非路可通出入僅將其碑改立一向焉能轉移禍福此皆鄙陋俗師布圖謝禮登人之山即令其

近亦有用撥星法爲人移碑改向者是又與三合爲徒矣

改碑換向入人之宅即使之搭灶修方千人一轍無不皆然撥諸其心原屬爲己非爲人也而陰地之可以更改者惟平陽以水爲路或小小溝渠立局可以改就旺方如陽宅之改門改路蓋陽宅之門即水口也路即水氣也平陽之改水口溝渠與陽宅同或四圍置墻安門迎生就旺亦是此意若係山隴岡原砂纏水繞高低顯然天地生定無可改移豈扭轉一碑即能免殃造福耶喜爲是說者皆三合洪範撥砂輔星之流以二十四向爲主改一向則滿盤之生旺死絶全變請以理度之豈(之)有一片石碑能使龍穴砂水天地之氣隨之爲吉凶乎

不待深究而可知其因也

六十九問曰昨曾同遊三處坐向砂水皆同何以一處指其發富緩而敗亦遲一處指其應富豪而子孫不孝一處指其主富貴而閨門不潔退而詢之皆然是從何處分判曰即從形勢理氣上分判其發緩敗遲者來龍懶坦向中又是乾流其富豪而不孝者來龍粗雄中向又見反水其富貴而閨門不潔者來龍有峽有帳向水又見之玄獨於龍虎之內皆是冲田左手辰巽上有水塘一口右手酉辛上有水塘一口乃外局美而又得運內水雜而又失運以至有此三合家只知生旺墓庫看

此就九紫運內所見之山以此斷學者可於此中悟之

水來去豈知有敗運之水在内為害匪細倘是合運之水當作吉斷矣舉世懵懵烏足與語

七十問曰據談陰地者則以幹旋造化全在陰地而不管陽宅其談陽宅者則以挽回天心全仗陽宅而不顧陰地以二者較之孰為重輕曰陰宅猶樹之土壤也陽宅猶樹之雨露也若植根肥壤縱雨露愆期其枝葉暫（露）時憔悴終久滋榮乃陰地佳陽宅否者是也若植枝瘠區縱雨露調勻其枝葉暫時榮華終必枯槁乃陽宅佳陰地否者是也如此譬之最為至當細考二者之力陰地當居十之七八陽宅當居十之二三而已

確乎至情至理之言無奈陽宅為人朝夕棲止之處故視陰宅為尤先余是以於壬申之歲更註陽宅真詮一卷

立論甚奇其理安在

范宜賓僞挨星圖載
乾坤法竅中鄭西戴進
腹內吾僞挨星在地理

七十一問曰陽宅書中有云人家子孫不旺者遷其父母之床其子孫即旺有驗與否曰所云者老八宅之法遷其父母之床於生氣延年天醫之方耳不能十分効驗余元空術中亦有是用法蓋床乃生人八尺之穴活六時中有六時坐臥其上死骨之塜尚可蔭其後人活親之床豈不能蔭其子息余曾試為兩人僅入泮甚準

七十二問曰挨星之法既少真傳如是三合家有三手匹貪狼之挨星有輔星遊年翻卦之挨星元空家有五各種之挨星獨范宜賓之挨星圖風水一書遵中之地理錄要中收之地理三字經極讚之然則挨星圖近乎

録要中天驚山訣偽
挨星在地理十二種中
取而閲之自見

真耶曰是則是非則非焉有似是而非近乎真之理徒足以亂真耳其所分者子午卯酉乾坤艮巽八天元寅申巳亥乙辛丁癸八人元辰戌丑未甲庚壬丙八地元從山挨一局從向挨一局共成四十八局將貪狼巨祿文武破輔弼挨加天元之八方地元之八方人元之八方以廉貞入中惟有八星左旋右旋以貪巨武為三吉挨加於砂水之上尚有如是地即如是挨此法與生旺墓庫遊年翻卦死板格局有何分別真正挨星訣法雖欽定協紀辨方中亦僅存三元九星之文不得所用之訣附刻存之以備衆考以　國家之旁求博采亦只與(刻)

之以文不語之以訣足見前賢之秘一至於此

七十三問曰蔣公羅盤四正卦每卦兩陰一陽四隅卦兩陽一陰蔣公立法如此范氏陽順陰逆依法挨加其錯在何處曰蔣公所謂陽順陰逆者謂各宮陰陽當是如此以此為法非死定在本位者如二黑運內二黑入中一白在巽則辰巽巳三向要用一白壬子癸之陰陽不用辰巽巳之陰陽三碧在乾則戌乾亥三向要用三碧甲卯乙之陰陽不用戌乾亥之陰陽八宮九運皆是如此運用元妙無窮亦特舉天心正運下卦起星之大畧綱若誤信偽術此處一錯則滿盤皆錯矣

自道光年間見武進趙湘帆樂亭李程萬兩先生之後廿四年始見王雪樵知挨星猶未能窺全豹也集蕭季癸壬廉汸看遞書圖稱美余往視之平圖之立界尚平窩與每收水法雜亂何常是也

天地之事不能皆齊一也以天文一周天三百六十五度四分度之一实日行三百六十五日零三時也尚歲差五十一秒每歲十二月又止三百五十四日此天之不齊也地之圭影與羅經之正針差三分此地之不齊也自古南北以針定八方以針分由來失矣今第以正針為憑不必問圭影以人之

七十四問曰羅經有中縫正三針今蔣法只用正針其中縫兩針竟無用耶曰余昔曾學三合讀羅經解研究三針作用曆試之皆不及三元之驗雖三合有正針偏東三分之說而縫針回西又不在三分之上西洋土圭測影亦有正針偏東之說其縫針既不合正位且用之無驗蔣公用正針試之既靈一依正針為是至於中針蓋偏往東更屬不經毋庸置議正針之源始自黃帝周公中縫二針托名楊賴以之驚愚則可施之於用則誤人多矣

七十五問曰賴公二十八宿撥砂法鉛彈子穿透真傳

賴布衣名師也佯狂玩世以酒自晦知無不輕為人卜葬寧作此無稽之談耶亦必後人假名偽造者

張九儀專成一家之言極謗其神奇痛詆元空為無用其撥砂法果有驗否曰余昔亦學之及乎既明元空之後考覈之終是合得元空之旺砂則吉不合者不驗而其中最不經者莫過於日月之八宿凡二十八宿周布於羅盤之四方每方七宿以木金土日月火水七政配之按天文書日月自有日月之本性張九儀以虛房昴星四日宿為火已屬牽強月則與水同類者心危畢張四月宿亦指之為火遂謂火星當有十二宿用之最利彼特不自知其誤謬而詆極元空多見其不知量也

七十六問曰俗稱黃泉法水云八個黃泉能救人八個

黃泉能殺人其能救人殺人莫非即是元空曰元空誠能救人殺人却非是黃泉其歌云黃泉庚丁坤位是黃泉乙丙須防巽水先甲癸向中憂見艮辛壬水路怕當乾不過庚丁向不宜見坤水乙丙向不宜見巽水甲癸見向不宜見艮水辛壬向不宜見乾水而已使見之而吉則呼為人黃泉見之而凶則指為殺人黃泉去全屬反覆無憑之言又有解者來水為殺人黃泉去水為救人黃泉純是胡猜亂摸而已若依元空只取天地生就之形勢往來消長之氣運立向消水不問其為黃泉也

三合家往往遇當元當運之吉水或棄之不取或立他向以避之皆黃泉兩字誤之也

七十七問曰乾坤艮巽四黃泉既不足為憑又有乾坤

雖駁黃泉之非而云
及水法之純雜則真乃
訣已露頭矣

艮巽四御街亦不足為據則元空之可憑可據者何在曰即以庚丁坤位是黃泉而論庚在七宮丁在九宮坤二宮若作庚向使向中之水兼見坤流是由七兼二也作丁向使向中之水兼見坤流是以九兼二也依元空論之既非一元謂之駁雜不純再交凶運焉得不敗焉得不救人若庚丁向水專在坤宮左不兼丁右不兼庚清純不雜再交吉運焉得不興焉得不救人若坤向見庚丁兩亦如此所以謂之御街乃水法清純又乘吉運故也倘乘凶運一樣為禍其犯駁雜者乃七九得運二宮失運之時即至二宮得運七九為失運之時永無

同治三年黃河北徙自利津入海泰岱又與中幹連矣

全吉之日彼不能知所以然遂呼為殺人黃泉而已七十八門曰古今帝王無數焉得如許天子地以葬之曰葬天子者非天子地也如世胄創業之家其起初必是一大富貴之地可自白衣而致卿相以後有一平穩之地即可保其一代富貴帝王之地亦然必其頭一代帝王之祖若父葬於正幹正穴真穴真帝王地生得帝王開基建國以後但得龍真穴的之地合元合運自然四海昇平萬方底定矣古今來惟中幹龍北幹龍所出帝王能混一宇內中幹龍昔建岱泰今隔黃河南幹龍則割據及草竊而已雖建國亦不能久史鑑具在可為證也

七十九問曰平民地有吉凶關乎一家帝王地有吉凶關乎天下使處擾亂之時平民地將無權耶曰不然當賊寇縱橫之際其地吉者雖頻遭刼掠終能獲全其地凶者雖遠避他鄉不遇殺戮亦必死亡此親目所擊之事非徒托空言欺人者彼言地理者曾有留心考驗如是者耶

八十問曰陰陽二家之言既如是矣至其臨事之時無不重慎選擇謂選擇稍差能使陰陽二宅轉吉成凶減（擇使）其福力其擅選擇之長者誇大其辭直謂選擇之法只須動土修方可使凶地凶宅立致吉祥倘三家之言並

今第知發日選擇而重不知發後有附靜加靜於前後左右者犯動太歲都天及元運不可動之處雖美地吉穴亦凶無難免

周萬卿鎮軍祖地金陵香樣樹(見驟貴也遂於墳外葬、新墳乃甲戌年造都天在辰巳適犯其方卯於三月初葬表其長子十二日暴中生事幾遭不測

行將何(所)適從曰陽宅之力不敵陰地之半於第七十(所)閱已詳言之而選擇又其末焉者矣其大畧避却太歲三煞歲月日時之空破與化命祭主之形冲尅害足矣至若七政四餘選法分忌用仇難以為扶助趨避楊公造命歌備言其旨而遠省僻縣臺歷難致精者甚稀即或用之轉滋詫異鄉曲愚人咸奉鼇頭象吉等書拘泥各種不經之神煞雖有 欽定協紀辨方闢其謬妄而庸俗信之自若余遍考新舊名墓以及村落墳厝只據形勢理氣以决禍福無不瞭然並不問其何月日時神煞吉凶可見選擇之力不敵二宅之形勢理氣且世家

巨族高碑大塚其選擇非不慎重講求何以葬非其地子孫不免敗絕其歷代王侯營兆非不有司天太史為之諏審何以葬於凶地補救無靈其或不待辯而自明矣但見世俗卜葬課單置（形勢）理氣之真吉凶不論專（形勢）講日干之扶山補龍扶之補之之法夫墳永遠長久之地惟形勢理氣是憑豈一日之干支即扶補龍山使之永長不替乎余每為人扦葬是吉地則用是凶地則不用只依協紀辨方避却刑冲尅害葬於合運之地無有不吉願天下嗜斯道者亟宜勤求形勢精習理氣毋使本末倒置而已

里中張姓延許姓地師擇于八月葬一墳張欲改期幾至冬月許爭曰此地此墳非此月此日時不可迫令葬之退而謂人曰節下需錢已望謝金儀通年

楊公以北斗七星加輔弼二星名巒頭又以之名洛書九宮致滋佐口儀論余著九星說二篇特為辨之

八十一問曰今人看巒頭者指楊公九星為老九星不以為重而專言廖公九星似勝於楊公九星而子則專言楊公九星必有所見而然耶曰星何常有九而又何止於九蓋水曲火尖木直金圓土方此五行之正形楊公因其形之難拘於五故取北斗七星之名而益之以輔弼以為九又慮其變化不定故於撼龍經中備言兼為帶之形自楊公以前原只五星無九星也廖公承楊公之後亦因其變體而立九星之名復窮之九九八十一變之穴象是皆恐後人之拘泥而為之立說耳其實總不離五行之正形而已若景純葬書何曾有是說今人（有）

雖以九星以定穴總不
離乎窩鉗乳突四法
在學者神而明之可也

又强為分解以楊公九星為看龍之星廖公九星為點穴之星然楊公經中不云貪狼作穴是乳頭巨門作穴窩中求武曲作穴釵鉗覔祿廉梳齒犁鏵頭文曲穴來坪裏作高處亦是掌心落輔星作穴掛燈樣縱有圓頭亦凹相此九星在龍身行度多者即以此定結地穴形否則於祖山與父母之山相類是何星體結何樣穴或即以本山星體定穴惟搦星之形低平不在龍身上見而在立穴處見者即窩鉗中之突窩鉗中之暈是也楊公九星何嘗不可點穴既主楊不更言廖恐立說駁雜閱者易於混淆耳是以嘗言凡係巒頭之書不過大同

小異尚屬有據舊之言盡皆可看至言理氣則東牽西就左轉右旋使五行失其常八卦失其序山水無言其災禍萃於人身而不之覺余不憚煩以申述者無非欲喚醒癡聾

學者苟不知孰真孰偽何不將各法習熟登山一一考驗而無一失者為真偶是偶非者為偽

八十二問曰子言看地首重形勢既得形勢再進求理氣是理氣寓於形勢之中今三合節節步龍何字落脈何字過峽從水口看是何庫與山脈相合然後立向消水亦是得形勢以求理氣何嘗不是氣寓於形子獨力辯三合非是何也曰看龍之法原只在龍身看其是何五行星體落脈宜柔細生動不宜粗惷死硬過峽宜跌

求地之法以巒頭形局為幹以對待流行為體中用天心一卦為用以撥星順逆為用中用四者缺一不可今之嫻于元空者往往得其一而遺其二三

斷不宜剛直開帳前抱不宜反飛起星宜端正不宜(宜)傾斜自祖山步起節節分枝孰為幹孰為枝孰為大幹傍幹孰為大枝傍枝大凡祖山必高峻粗雄開一帳則山形一變跌一峽則土色一變由高峻而變和平由粗雄而變清秀即至成局結穴之時砂環水聚穴星呈象中有似石非石似土非土堅細之好土或五色兼全或純是一色與穴外土色迥乎不同或生圓暈如太極之形楊公疑龍經中俱詳言之何嘗拘拘於其字龍必與其字向水為三合余遍考之率皆牽强無一合者即所謂合者其立向或迎生或迎旺或朝御街或朝墓庫或

或得半而遺其六實或師之道不肯盡傳或師之術本未全會秦竟以十六年間遇趙李兩先生然後全會不可謂厚幸也

以小龍虎為水庫或以大龍虎為水庫或以龍虎外不見之口為水口或羅城總水口為水口乃盡是李代桃僵全無把握殊不知入山尋水口乃於山之水口見其交鎖緊密或兩山夾立如門或山脚交牙不使直洩而去或狹如石柵將山內衆水束住一口而出或口外之山有日月獅象龜蛇各種之形鎮住水口便知其內必結美地並不問其水向何方何字出亦不問其在穴之何方何字出而指為其庫也山之氣陰也自祖山起伏擺動而下行水之氣陽也自總水口盤旋曲折而上行同會於結穴之區水之三叉抱向穴後山之龍虎抱向(回)

此亦緊要之言爲
辨運點穴之法

穴前山水相抱即是陰陽相見此謂之姣媾有情者是也往前看穴上所見出水之處一出不再見者爲去水之方往後看穴上入首之處爲來脉之方以元空理氣合之合吉則吉合凶則凶自得訣以來考之萬無一失使三合各法果靈驗勝於元空余豈願棄諸家專（上）而學元空耶人孰無親焉敢以無稽之言誤人而先自誤其身者乎

八十三問曰青囊云山上龍神不下水水裏龍神不上山解者多以二句一是看山龍之法一是看平洋水龍之法蓋龍（山）多有龍而無水平洋多有水而無龍其說（山）

山之運地氣也水之運天氣也此二氣最要分明所謂山者坐山也水者向水也並非山龍水龍也不然何不言山龍水龍而言山上龍神水裡龍神耶

是否曰山龍穴前多乾流乾流何嘗不是水平洋穴後多低坦無星峯其脉伏行迤邐而來到穴其來處何嘗不是龍但此二句所言者山水之理氣是也蓋山有山之運水有水之運山之不運可為水之運故云不下水運水之運不可為山之運故云不上山茍有此理看山龍之時亦看其水之運看水龍之時亦看其山之運豈可將山水解作兩處但勿令山水淆混之意

八十四問曰地理之書遠自海角青烏降及唐宋元明為書甚多子獨沾沾於景純筠松及大鴻氏之書毋乃固歟曰海角青烏二書託名最古其書卽偽之尤者不

實不知造偽書者好個古人之名是何肺腑盖明知其書之非是特借以欺世非偏托古人不可

必細論其他只看其措辭周秦時之文字何等古奥況海角經為黄帝時九天玄女之語何其酷似唐以後之言耶青烏經樗里子所著其人為秦王之弟周時之王侯皆人君也漢以後則為人臣矣秦以前後無營葬欲得地為王侯者宰相於祖龍時始為極貴之官秦以前宰為宰相為相並非大貴之人沙堤者乃唐時拜相之禮周之時焉得有此乎豈非皆唐以後人之偽書天下惟真者不假人之名假名者豈有真訣也哉雖楊公之名書流傳日久亦被三合家塗改以附會其術幸蔣公得古本暢為註明使天下後世復覩楊公之真傳景純葬

書所言者均是形勢三合家亦無從塗改尚將形勢之生死註作生旺墓庫之生死此乃固執不通至死而不晤者也夫看地之法最難者形勢自祖山出脉奔騰踴躍閃跌隱現横飛逆上側落回顧變換不一愈奇愈真窮其足力目力始有心領神會之時原非一朝所能得是以古之葬書重言形勢至於理氣口傳心授立刻可明至簡至易故不輕露於書乃三合家以羅經解為理氣真傳奉為至寶轉視形勢為末務每與之登山未曾立定先用羅經以談三合四庫如是看法究誰為固執之人耶

九宮八卦人人知之而不能用只欠幾句口訣

地理關乎祖宗墳墓，自人子視之莫大於此者。縱不明地理，亦須細心訪求三元三合孰是孰非，是者必何是，非者必何非，然後信其是而去其非。豈可漫無覺察，遂可一味道聽塗說耶。

八十五問曰：從來地理書中言巒頭形勢者有之，言諸家理氣者有之，絕無言及三元為理氣者。自大鴻氏出，始以三元為理氣，世以罕見罕聞，疑信相參，原非得已。子何闢之罪之之甚耶？且如子言，元空法至簡至易，何以前此未之聞也？曰：余非罪其他，罪其甘受諸家之愚弄，轉為之附會標榜，不知元空之神奇，竟肆其詆毀，阻撓陷舉世之人於水火中耳。若謂無書，玉鏡經即是玉函遺意，非其書耶？三元九宮非其位耶？但未將何者用之於山，何者用之於水，分別指明。世俗既不解用之法，又不解用之效，書雖存，俱置而勿論。蔣公得秘傳申明

所以笑余者因畏人
石華三學偽元空
又信錯記誤買石
甯山地人不知所學〻
非遂相戒元空不
可學

其效驗其訣雖易得之最難必待其人而後語之否則奉之千金弗顧也於寶惜秘訣之中亦隱喻人以勸誡之意使人人以孝悌忠信自勉則斯訣亦可盡人而語之矣夫遊食者以此謀生不得不固執以詆元空而無識者亦喜妄加指摘余昔初學地理時看諸家書則人無言習元空則羣起誹笑余於地理無所不學終久是元空極其靈驗其諸家書之所以誤人者皆附會標榜太過之故也

八十六問曰吾子得訣甚秘立論甚高些子元機引而不發雖云辯惑究未能去人之惑也後之人讀子之書

將毋疑子徒知善辨實未嘗得訣誰又為子辨之曰余豈故為秘密乃守蔣公及李師之誡耳昔亦曾為數人言之或淺嘗而不深信或得魚而遂忘筌余由是三緘其口必待至誠篤信之君子而語之耳今試畧舉二人一為同鄉老友察其心地樸實因以元運往來消長山水對待流行傾心相告彼亦不考其靈驗與否去而謂人曰豈有秘訣乃老先生常談耳一為姻戚值咸豐癸丑粵賊陷城其人約與共患難且求真訣余慮訣之失傳遂告以天心正運下卦起星之旨無何仇家引賊索余甚急非以賄解不可余乞援於其人竟不之顧如此等

余之所以力辨惑者正以辨其訣之真偽勿爲所惑致令捨真從偽耳

世俗通弊貽之者天下皆是也

人不一而足子謂余之守口如瓶不亦宜乎亦常憫人之疾厄困窮為之擇地葬親乃疾者愈困者蘇自慶其否運已過泰運方來竟忘其俯首乞憐於誰也近代人心不古居家不講孝悌出外不立品節欲僥倖於陰地以濟其無窮之貪誓不濫傳悠悠之口其如余何

八十七問曰近見人延師卜地每每尋得吉穴倘另延師至則又指為非是再延一師更有一番批駁雖三合與三合不同元空與元空有異豈眼力不同耶抑用合有異耶曰形勢之美顯而易見自是千人一律無可異同惟作用之法元空重在乘運乘時三合不過昧於時

是地非地關乎人自家性命豈可以私心是己非人誤人之事近日術士昧心無不然

運至於形勢則一也而近世俗師之批駁原不在乎形勢之優劣在乎言人眼力之低小以誇其本領之高大使主人翁捨此另圖遂得居功索謝此皆各為門戶起見是以三合毀三合者有之元空毀元空者有之入主出奴紛紜聚訟皆市儈之心術士最惡之習無主見人未有不受其愚者要亦其家之陰騭福命所關冥冥中蓋有使之然也

八十八問曰叢葬之處墳塚相連不過咫尺間耳乃諸墳不發竟有一墳獨發者殆即經云請看人家舊日墳十家墳下九墳貧惟有一墳能發福去水來山盡合情

合元合運之情六字
即是秘訣屢年考
證真實不虛

其合情當是如何曰非獨山水之形勢合情乃山水合元合運之情耳不然咫尺之間何分瑕瑜在山龍穴小尚有得穴失穴之説若平陽穴形寬大一山數穴焉有區別其不發者必非其元運之時所葬其發者必正當元運之時所葬合情者即合得天心造化工也明得天心則於葬事有何難哉

八十九問曰每與吾子登山覆驗舊墳即知其吉凶雖年代遠近房分公位所主何事有如目擊是用何術出於何書曰豈另有術豈另有書皆是以元運之得失加於龍穴坐向並各方公位砂水之上即能知其遠年近

代在何公位卽屬何房吉則為吉凶則為凶至於如何之吉如何之凶八卦之中各有所主周易繫辭言之最詳俗術洪範三合納甲翻卦謂之周易可醜之極若元空眞無一處可離周易者若謂之術輕視元空矣

九十問曰嘗見北省地師至南省看龍點穴輒高下失宜南省地師至北省看平陽定穴覺茫然無據雖素稱好手者至此亦失其所長其病在何處曰余前已言地有六樣看法而理氣作用總是一法也其分六樣者形勢之不同彼南北地師果係好手而犯此病者乃欠閱歷之過也病在不諳風土情形倘於初至其地之先時

葬法古今不同南北寬嚴古之葬深今之葬淺北人葬深南人葬淺又各處土俗不同惟順其宜而已

將地氣厚薄土脉淺深覆驗確實已葬老墳與理氣絲毫不爽然後為人作用焉得有錯誤之理余生於陝家於皖遊燕代涉齊豫(經)維揚抵姑蘇幸於六樣形勢皆得親見之是以諄諄語人首重形勢者即此六樣之形勢次重理氣者六樣形勢俱不能離此理氣也

九十一問曰凡談元空者無不以翻卦為主今讀子之書從無一字言(及)翻卦經不云翻天倒地對不同其中秘竅在元空又云顛顛倒倒二十四山有珠寶順逆行二十四山有火坑豈秘訣在是故秘而不宣耶曰顛顛倒倒順逆行有珠寶有火坑皆是指山水雜理氣而言山有

為翻卦二字誤
盡多少聰明人

坐人之山看其龍自何方來水從何方去砂是何方高何方低何方有何方無再查其家之發興何房吉何房凶處處之元運參雜無师亦可會也

山之運水有水之運以二運相較有似乎顛倒而實非顛倒也使山水各得其運則全美有如珠寶矣蓋山之運順行水之運逆行其順也自然之順其逆也自然之逆非是僞造挨星圖之左旋右旋之順逆倘不明順逆則用之皆為大坑矣水之運天也山之運地也以二者對之迥乎不同故曰翻天倒地對不同非獨一山一水對不同即此元與彼元亦復不同知得其中秘密即知理氣矣何用翻卦世之慕元空者最喜在挨星翻卦上着想枉費心機故盲解日以多也

九十二問曰北方土厚水深其葬也不事版築不用灰

九地先看龍穴然後炭南方地卑水淺其葬也堅築石灰以隔水蟻加以炭
成局與否次看對末以隔樹根甚至朱紫陽砌以磚槨豈不與死欲速朽
待流行令運與否之言相悖曰毋使土親膚亦聖人之言也然余在南北
再看天心正運生尅亦嘗為人遷移舊墓矣北方之葬也以土厚之故其穴
與否然後用挨星之深或至丈餘縱淺亦必六七尺又北地少雨葬後堆
定向之為加罗若依土之時只用數人踐踏不崇朝而事畢矣其土有枯燥
次而行之乃為盡之土有潮濕之土皆是無龍無穴之地至掘起之時其
美盡善枯燥土中之棺雖無水浸亦乾朽如灰其潮濕土中之
棺必敗毀如泥但無白蟻耳南方之葬也以土簿之故
其穴之深僅只五六尺甚至結盤培土成墳倘遇風吹

水刼之地其潮濕固不待言而白蟻先肆咀嚼矣至於龍真穴的之地其土如有油潤見風即乾其棺與骨如初葬之時一樣仍有温暖之氣甚至氣出如蒸對面不相見南北之美穴皆是如此但南方多雨澤霧露有灰石灰堅築免令水氣滲入又南方土鬆多樹木之根有炭末隔之則樹根遇之即止皆目擊之事然富室俱喜蓄樹蔭墳惟松柏根伸不遠亦須在二丈以外防其百餘年根亦伸遠也最不宜者鳥桕夜合楓與之衆等樹其根能串行滿山雖數十丈外亦不可留也邑南郭有古（三）墳數塚地濱大河皆二三百年者平洋葬法也道光年

雖得美地者穴其葬法不可不講植樹之害尤宜慎之

閭邑大水河遂牆墻石灰皆現好善者斂金從之及鑿石灰其堅如石棺外並無一些潮氣乃棺底亦用灰堅築與上下四旁連合為一儼然石槨也棺仍如新今葬山者其棺頭入土尚深其棺足入土最淺蟲蟻樹根往往由棺足而進今之葬者亦宜於棺底先堅築石灰一層然後納棺於上與以與四圍及頂堅築為一蟲蟻樹根亦無隙可入矣

九十三問曰龍分兩片陰陽取水對三叉細認踪是如何分取如何對認曰兩片者即一陰一陽雌雄夫婦宥主之象也三叉者即合襟元辰零正動靜順逆之處也

葬法無他取其堅固可久而已

元空之訣處處明言
原來秘藏

一言山分山之運一言水認水之運所謂地畫八卦誰能會山與水相對是也青囊序八十餘句絕無一字泛言総括元空因形求氣彰往察來之妙使觀人成敗吉凶瞭如指掌神而明之不啻元珠之在握也

九十四問曰北方地平水遠隨處皆可塟墳風俗樸誠人死即葬其浮厝者甚少南方地狹人稠水陸相半擇地者不得不求之於山岡責者居奇買者猶豫術士又從中煽惑之則篤信者如是先言厝而後言塟間有厝而吉者亦有厝而凶者其厝之吉凶與墳之吉凶同乎不同曰墳之所重者龍穴砂水厝之所重者局勢向水

目覩厝之為害筆不勝書而相沿陋習竟不能改

不必有龍穴也只須朝向水法合運俱是一樣發跡但葬則骨安而親寧與天地共久若厝則魂魄未安兼有水火賊盜之虞其凶者固宜速葬縱吉者豈可因己之僥倖忍令親骨久停不孝之罪莫大乎是編氓無知固屬可笑乃士大夫蹈其轍者更甚編氓豈風水能惑人人自惑耳

九十五問曰山龍於護砂之上有空缺處謂之凹風平陽後無護托左右無護砂四面皆風乃穴不畏四面之風獨畏一凹之風却是何理曰亦嘗於起墳時見之矣凹風在左者棺中之骨必吹往右邊凹風在右者棺中

足見天心與挨星自
唐時以天心作挨星者
已有之矣無怪乎今
誤用者之多也

九十七問曰經云惟有挨星為最貴洩漏天機秘又時
師不識挨星學只作天心摸何以挨星之重一至於此
曰讀書者亦不必如是拘泥此不過讚元空挨星之好
而已夫地總以形勢為體理氣為體中之用挨星乃用
中之用又其次也其不識挨星學只作天心摸之云者
言天心自是天心挨星自是挨星蓋挨星天離天心而
不而僅止天心也余前所云文昌魁星會合能發科甲亦
能揆吉修方催人富貴必須形勢佳理氣合而加之以〔貴〕
挨星方為全美若形勢理氣俱非縱仗星挨取効一時
亦難久遠章仲山雖得蔣公之傳好用挨星正坐此弊

狀元冠多士之首宰相班百寮之上故人〻羨之術士即以是諛之〻至死不悟

九十八問曰依法而葬自應富貴但有大小之分久暫之別當如何決之曰行龍有星峰有帳蓋有護從有垣局合得元運而葬之即主大貴若行龍單弱帳蓋不全護從無多垣局狹小雖貴不大其大富之地或收大江大湖之朝水不拘水之遠近但有一口吸盡之勢或大河撲而入懷或大塘滙聚明堂雖早不涸者皆主速發大富若水路細小或是（乾）流皆主小富雖發亦緩當看（乾）其人之根基才具何如根基隆厚才具精明者地雖小而發亦大根基卑薄才具平庸者地雖大而發亦微至於久暫則看元運之興衰可以知之近世地師為人扦

之骨者吹往左邊在後者必至胸次或至足下或將（吹）骨吹斷入手如粉或骸骨不全若此者屢見之實真有之事也余揣其理蓋凹風之吹穴如人之撮口以吹物其氣最專之故也若平陽之風匝地而來寬闊一片不專吹穴故無所畏忌亦不主吉凶倘數十步內外有村市家宅廟宇則其屋左右之風射穴亦如凹風主人禍福平陽無砂無峰其村市家宅廟宇即作星峰論若在旺運當高而高之處主有吉無凶反是者有凶無吉即前所云陰陽動靜之義是也

九十六問山隴岡原平陽平洋六樣龍穴其穴中土（曰）

元空者元妙處全在善觀空與不空耳尋龍點穴識得穴星堅穴回頭有當空而空當不空當不空者吉當空而空者當空而不空凶世人不知遂言元空是看水龍之法不知其看龍妙元神手其神

近日羣中有因理氣難得真傳乃專以意為主不求地之法但葬後之禍福聽受而已

色同乎不同曰凡山龍平岡自祖山落脉或龍身帶石或本山帶石則穴中必是似石非石似土非土之土在穴中搓之如粉見風日即堅硬如石極佳者成太極暈至於平原平陽穴中多是淡黃之細土或紅黃青紫各色極佳者亦有太極暈若平洋雖在萬頃水田之中池塘港汊之側其結穴處果係龍真穴的其土色乾而不燥潤而不濕捻之如麵不夾砂石污泥者即是好土亦〔如〕有成太極暈者倘夾砂石而又潮濕乃無氣之穴如局勢合宜向水純淨只可為厝不可為墳也若盤結安棺培土作墳名雖為葬仍與厝等耳

一穴即許以狀元閣老，並不問山水何如者，皆謾墓之辭也。

九十九問曰：三合黃泉之八煞，不得謂之煞，既獲聞命矣。請問元空之煞。曰：元空之煞無一定，山得運之處宜有山，不宜有水；水得運之處宜有水，不宜有山。不宜有而有之，即是煞矣。再逢大歲到方冲合到之年，凶禍立見。余有從姪因兵火將其父用磚槨厝於山中，近十年矣，余曾見之，尚屬平穩。後延徐姓地師，云是祖傳元空，謂煞氣關在槨中，急開槨抬棺出，未百日男以痘殤，又數月誕一嬰兒，匕日而夭。棺在槨十年而朽，無乃出槨不

徐地師之父曾為里中湯姓買山葬墳，開穴則土中出水，湯不欲葬，徐固言佳，湯陰怨陽喜而言之人，倩同手足，既以為佳，相送葬吾翁可乎。徐誣塞，湯呼人舁其柩來葬焉。立周月而徐死，聞者快之。

昔薛遇亂山中時有霍
山施姓地師用偽接星
圖云無極子傳朱李
之傳而授蔣公者余
不料元空有此齊
東之語朱子無地理
書僅有一羅經式
云是所遺蔣遇呼為
朱盤

半載而如是伊誰之過歟夫理氣之煞原在山水工見
而形勢之煞如山巖凶溝直水反亦舉眼所能辨選
擇日時之神煞事過旋忘從未聞鬬煞於柳中者有此
等人造作妖言誤人性命雖逃法網亦難免冥誅也言
祖傳者必其祖實名(下)係(上)師始可謂有傳授若尋常江湖
游食之兒孫縱祖傳烏足深信如執村學究之子弟亦
可呼之為世代通儒耶

一百問曰元空家動云恐洩天機干犯造物之忌究未
見干犯者如何遭譴曰有之人自不覺耳余姑舉數人〔人〕
以為證明末時余鄉有史仲宏先生者風鑑之國手也

為人擇地於己有損實非虛言乃古之諺郭邱楊曾吳廖賴其事蹟傳播人口何以諸家後裔不聞出一賢哲偉人豈捨甚留而盡耘人之田者乎此外名手亦多所最絕少獨楊桐方明善公張大參公姚同化公皆精地理具三族之叢墳皆三公手扦者其後名公鉅卿理学科不可悉數所以

其傳載邑志中邑之名墳名宅大半出於集手遂自留一穴於宅後之山植松一株以為記臨終乃告其子命葬於松下既歿其子舁柩之山則前植之松已松復生松滿山如林不知穴處夜示夢於其家云吾擅為人葬四十餘棺已授冥罰不可埜此地乃別埜焉余曾登其山穴雖尚存已被挖樹取土雨水冲塌不堪復用矣又道光初年余鄉有父子兄弟沿為庫吏素無善行聞湖北屆姓地師至備禮迎之相待極優屆不知其為人但(待)感其禮貌之隆許為覔大地屆亢空高手也居數年果得一地於棕陽擇日營葬開穴時土色甚佳俄而化為

然者只自竊窺不預人間事彼管郭諸公未常非洩天機之過倘明術者可以深省濫用且不可濫授筆

一泓清水屈方(食)牛脯聞之大驚遂得噎病數月病益(食)甚某勸之歸屈感其之情必報一地然後歸猶力疾入山於五領河得一地預定當出一榜某大喜屈云聊以塞責此地不如(前)地遠甚殆有命焉不可強也塋墳之(前)曰屈在穴傍大笑忽嘔一血塊破之即前食牛脯也病亦尋愈某之姪竟中北闈鄉榜今敗絕僅存一二丁流落無家可歸則史屈二師非遭譴而何余今於問答之中互文示意蔣公法(心)隱然宣洩無遺實為憫孝子慈(心)孫呼天無告之苦衷故情不能已上蒼及先師其或有以鑒諸

此書雖一百問而家究辨雜總不離形勢理氣其反覆伸述有似重見叠出實以不如此不能盡其精微則一百問作一篇文字觀可也

以上辨惑百條鈔錄既就不禁莞爾自笑曰世之造僞術者惑也信僞術者惑也余復慮人之惑更為孜孜講説而特為之辨惑者亦惑也古今來惟忠孝賢良道德仁義澤被當時名垂後世是人人最急之務若求地以安親妥靈為忠孝仁義賢良道德仁義之賊可若以之求富貴利達趨炎附勢荼毒生靈則堪輿（貴）一道實為天下之罪人奉勸士君子時刻撫摹方寸令坦白可對天地鬼神是先於此中求真龍的穴耳

灑灑落落　布衣贅筆

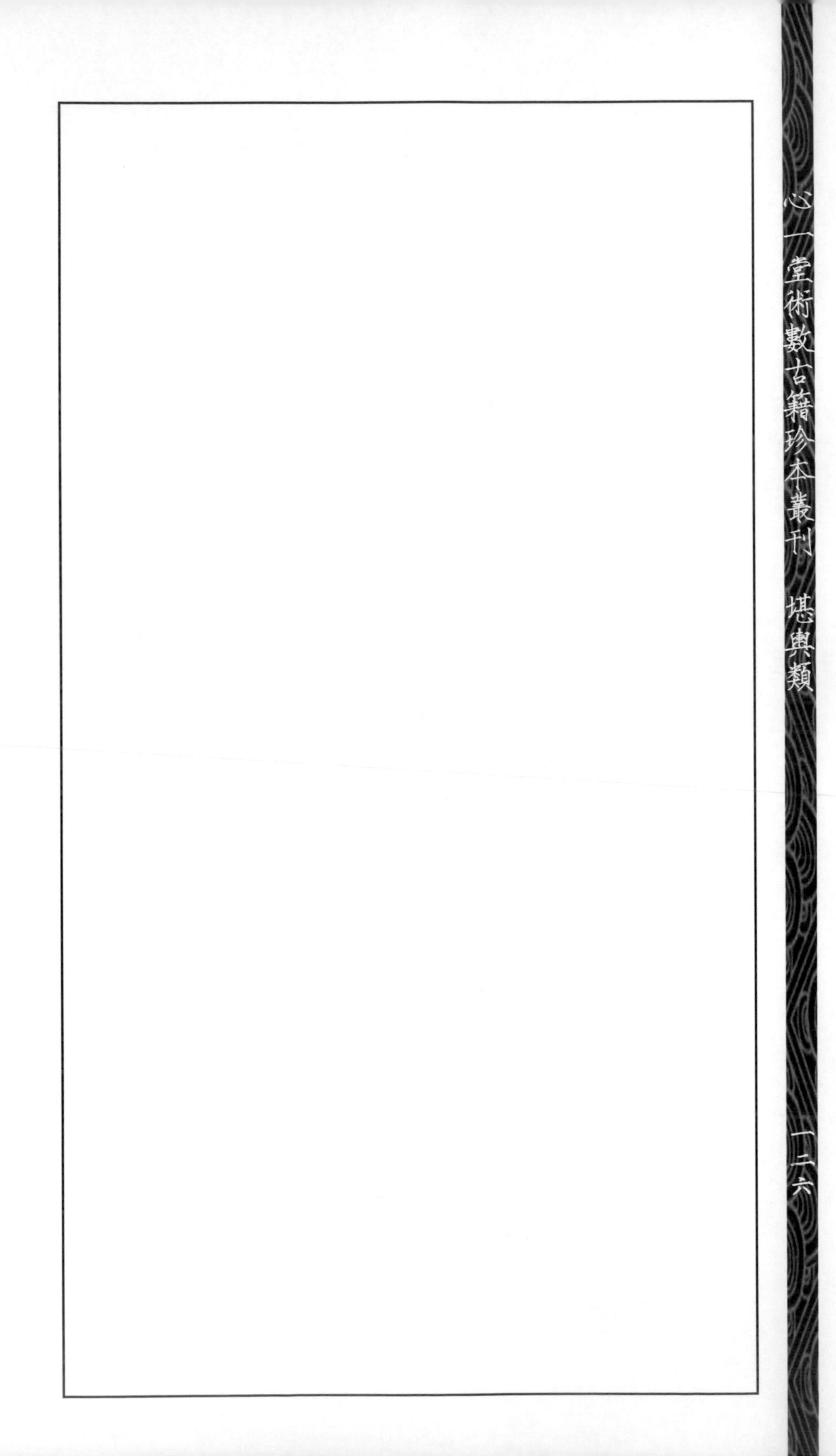

地理十不葬

元空之術習至精明不可輕為人卜葬蓋不當與而與之以地是妄洩天機轉折卻己身之福祿則先師有十不葬之說不可不知也

一素不孝悌者不葬　其人之天良久喪何不養之於生前乃慎之於死後所謂欲得佳城以安親者實欲謀吉壤以佑身耳如此等人而欲之言地理先已不知天理矣

二積世怙惡者不葬　居鄉而至積世怙惡其所損陰騭不知凡幾其不絕滅者已屬萬幸矧敢逆天而與

之以地耶

三　身為不善者不葬　世如土豪訟棍肆惡致富亦思圖謀風水為永遠之計此乃人面獸心之流倘與之地以何以彰天討而為世戒

四　心術不測者不葬　宦家世族根基非不深厚至於存心或貪黷酗淫或陰險刻毒外貌雖善文飾內實為富不仁是心地已壞陰地何可得哉

五　出身下賤不葬者　或為廝僕或為隸卒或為娼優(者)嘗有擁貲居積重幣相邀者試思其財如何而來徒污我名若使得地則良賤又何分耶

六古墳舊墓者不塟　恒有無知之人覬覦無主古墳或人家舊墓之傍以為尚有餘穴因之破塚毀壙而塟似此傷天害理之事決不為能也

七私用公山者不塟　人有誤信庸師之言欲於已塟老墳側近以私墳加葬不特公共之墳（墓）下人丁不依而驚動地下之人於心何忍

八來歷不明者不塟　酷嗜風水之家遇人不賣之山多方謀斡串買成交往往興訟釀命似此等事謝絕不往並勸令勿為

九信任不專者不塟　元空家看地所棄取與諸家之

用法迥乎不同其立向消水亦大相懸隔若其人朝信此而暮信彼者必有矛盾不可徃也

十接待無禮者不塟　今人送子入塾就師尚知具衣〔入〕冠備贄敬足恭盡禮而猶惴惴焉謂不如此恐不盡心教吾子也獨於求師塟親或便道相邀或邂逅盡約或片語投機即面求指地直以市儈待之推原其故皆無業游民毫無學術望門求售相習成風故富豪家竟忽其教子之與塟親孰為輕重吾道每於德行不足之人尚不輕施其技况並禮貌俱無者縱以千金為餌亦難徃也

地理之學盡是人力勝天之事故巨室豪門不思積德行仁而轉務尋地蓋十人而九則青囊萬卷祇為造惡之津梁奈有古師無誠直與神祇賞善罰惡之權同歸一轍所望預聞斯道敬守而慎行之可耳達菴馬清鶚記

試驗地師說

夫人生二六時中所以能居仁由義無疾痛苦惱者有陰宅以妥其先靈有陽宅以庇其身體是陰陽二宅亟宜講求者也然陽宅不祥人之遷移尚易若陰宅不利棺之起動甚難在陰陽二宅未定之先其擇師為第一要着而擇師之難情弊萬端余著辨惑百條普告天下

之為人子者勿為所惑然俗師之惑人在後其薦主之惑人居先蓋有師之戚師之友代為標榜亦情勢所必然又有受師一茶一飯之惠允許代為吹噓或有相約暗中分金者更有自請之師不曾重謝而特廣為推舉以報之者或自欲謀地先薦師於富室使師感其情酬之以地者此為情迫為利迷不問師之本領不管人之利害胡亂讚揚令人不行不入其彀中以受其愚皆薦主之過也至於俗師之所以售偽術者或薄識斯文視風鑑為衣食之捷徑或村塾失館托羅經謀升斗之生涯顧地理之書汗牛充棟孤陋寡聞之士既不知何者

為真傳縱有高明亦仰攀不及只揀市肆之地理原真山洋指迷等書易於通曉有能熟讀雪心賦羅經解者即為通神之技矣試驗之法每延師至於遊山時便道見路傍墳厝問其何年何代何房如何樣發達如何樣替敗不得囫圇言吉龍統言凶必要還出如何吉如何凶如此則俗師之僞術立窮有種僞術名為覆墳斷訣能於墳頭拔起一草即知墳內為人老為少年為男為女是如何死者又有一種僞術名金口訣占斷能知墳內土色有水蟻樹根無水蟻樹根已發已敗此者小數最易惑人其實與是地非地毫無干涉雖如此等人亦不

多見若真知玄空者登穴四顧龍砂向水何處得運當(穴)何年何房主富主貴何處失運當何年何房主貧病主夭絕甚至科甲幾人斷在何時不特龍穴向水本有者知之即使龍砂向水本無者作之可如期而應總見得元空真實功夫今而後擇地師者勿聽虛譽虛名只考實憑實據則魑魅魍魎自無遁形矣

有此一篇文可作秦宮照膽鏡不特俗師之裏曲畢現即其儕偶之裏曲亦無不畢現閱此卷而惑仍如故者天下之無目者也達菴筆記

跋

余少時涉獵地理各種書見其立論紛紜甚至自相矛盾之處余轉惑甚隨晤懷邑羅南皋先生謂三元本乎周易仍根據儒學遂信其說留心訪求而世俗則多宗三合者嗣至京師都得交　馬君泰青其為人語妙神清有拔俗超塵之概既初未盡窺其內蘊也今越廿餘年余偶以他事來城復晤　泰青乃出自著地理辨惑一部受而讀之尋繹數過大意以形勢為體理氣為用所謂體用即陰陽動靜之處元運往來之憑山水相見之真機洞悉體用則衰旺生死瞭如指掌以此決人冢墳宅

吉凶禍福自無不驗尋龍點穴立向消水自無不利所有問答一百條獨具卓見蓋三合之扦塟重在局只分局之吉凶不拘何運皆可塟三元之扦葬重在運只辨何運之衰旺不拘何局皆可扦試以人事考之二家之優劣自見特筆誌之以後世之同好不更信而無惑乎

同治丙寅歲嘉平月下浣笠亭氏龍炳拜跋

此書原本刊本因現在各界書局並無翻印出版難以購置恐後失傳再此書亦三元家之模範故余得之錢師藏本求而抄錄但字体不佳抑有寫悮望後之君子諒焉

民國歲在壬午時維中秋前東村胡靜思謹識

占筮類

編號	書名	作者	備註
1	擲地金聲搜精秘訣	心一堂編	沈氏研易樓藏稀見易占秘鈔本
2	卜易拆字秘傳百日通	心一堂編	
3	易占陽宅六十四卦秘斷	心一堂編	火珠林占陽宅風水秘鈔本

星命類

編號	書名	作者	備註
4	斗數宣微	【民國】王裁珊	民初最重要斗數著述之一；未刪改本
5	斗數觀測錄	【民國】王裁珊	失傳民初斗數重要著作
6	《地星會源》《斗數綱要》合刊	心一堂編	失傳的第三種飛星斗數
7	《斗數秘鈔》《紫微斗數之捷徑》合刊	心一堂編	珍稀「紫微斗數」舊鈔秘本
8	斗數演例	心一堂編	
9	紫微斗數全書（清初刻原本）	題【宋】陳希夷	斗數全書本來面目；有別於錯誤極多的坊本
10－12	鐵板神數（清刻足本）——附秘鈔密碼表	題【宋】邵雍	無錯漏原版 秘鈔密碼表 首次公開！
13－15	蠢子數纏度	題【宋】邵雍	蠢子數連密碼表 打破數百年秘傳 首次公開！
16－19	皇極數	題【宋】邵雍	清鈔孤本附起例及完整密碼表 研究神數必讀！
20－21	邵夫子先天神數	題【宋】邵雍	附手鈔密碼表 研究神數必讀！
22	八刻分經定數（密碼表）	題【宋】邵雍	皇極數另一版本；附手鈔密碼表
23	新命理探原	【民國】袁樹珊	子平命理必讀教科書！
24－25	袁氏命譜	【民國】袁樹珊	
26	韋氏命學講義	【民國】韋千里	民初二大命理家南袁北韋
27	千里命稿	【民國】韋千里	
28	精選命理約言	【民國】韋千里	北韋之命理經典
29	滴天髓闡微——附李雨田命理初學捷徑	【民國】袁樹珊、李雨田	命理經典未刪改足本
30	段氏白話命學綱要	【民國】段方	民初命理經典最淺白易懂
31	命理用神精華	【民國】王心田	學命理者之寶鏡

編號	書名	作者	備註
32	命學採驪集	【民國】張巢雲	發前人所未發 稀見民初子平命理著作
33	澹園命談	【民國】高澹園	
34	算命一讀通——鴻福齊天	【民國】不空居士、覺先居士合纂	
35	子平玄理	【民國】施惕君	
36	星命風水秘傳百日通	心一堂編	
37	命理大四字金前定	題【晉】鬼谷子王詡	源自元代算命術
38	命理斷語義理源深	心一堂編	稀見清代批命斷語及活套
39-40	文武星案	【明】陸位	失傳四百年《張果星宗》姊妹篇 千多星盤命例　研究命學必備
相術類			
41	新相人學講義	【民國】楊叔和	失傳民初白話文相術書
42	手相學淺說	【民國】黃龍	民初中西結合手相學經典
43	大清相法	心一堂編	重現失傳經典相書
44	相法易知	心一堂編	
45	相法秘傳百日通	心一堂編	
堪輿類			
46	靈城精義箋	【清】沈竹礽	沈氏玄空遺珍 玄空風水必讀
47	地理辨正抉要	【清】沈竹礽	
48	《玄空古義四種通釋》《地理疑義答問》合刊	沈瓞民	
49	《沈氏玄空吹虀室雜存》《玄空捷訣》合刊	【民國】申聽禪	
50	漢鏡齋堪輿小識	【民國】查國珍、沈瓞民	
51	堪輿一覽	【清】孫竹田	失傳已久的無常派玄空經典
52	章仲山挨星秘訣（修定版）	【清】章仲山	章仲山無常派玄空珍秘 門內秘本首次公開
53	臨穴指南	【清】章仲山	
54	章仲山宅案附無常派玄空秘要	心一堂編	沈竹礽等大師尋覓一生末得之珍本！
55	地理辨正補	【清】朱小鶴	玄空六派蘇州派代表作
56	陽宅覺元氏新書	【清】元祝垚	簡易・有效・神驗之玄空陽宅法
57	地學鐵骨秘　附　吳師青藏命理大易數	【民國】吳師青	釋玄空廣東派地學之秘
58-61	四秘全書十二種（清刻原本）	【清】尹一勺	玄空湘楚派經典本來面目 有別於錯誤極多的坊本

編號	書名	作者	備註
62	地理辨正補註　附 元空秘旨　天元五歌　玄空精髓　心法秘訣等數種合刊	【民國】胡仲言	貫通易理、巒頭、三元、三合、天星、中醫
63	地理辨正自解	【清】李思白	公開玄空家「分率尺、工部尺、量天尺」之秘
64	許氏地理辨正釋義	【民國】許錦灝	民國易學名家黃元炳力薦
65	地理辨正天玉經內傳要訣圖解	【清】程懷榮	秘訣一語道破，圖文并茂
66	謝氏地理書	【民國】謝復	玄空體用兼備、深入淺出
67	論山水元運易理斷驗、三元氣運說附紫白訣等五種合刊	【宋】吳景鸞等	失傳古本《玄空秘旨》《紫白訣》
68	星卦奧義圖訣	【清】施安仁	三元玄空門內秘笈　清鈔孤本 過去均為必須守秘不能公開秘密 與今天流行飛星法不同
69	三元地學秘傳	【清】何文源	
70	三元玄空挨星四十八局圖說	心一堂編	
71	三元挨星秘訣仙傳	心一堂編	
72	三元地理正傳	心一堂編	
73	三元天心正運	心一堂編	
74	元空紫白陽宅秘旨	心一堂編	
75	玄空挨星秘圖　附 堪輿指迷	心一堂編	
76	姚氏地理辨正圖說　附 地理九星并挨星真訣全圖　秘傳河圖精義等數種合刊	【清】姚文田等	蓮池心法　玄空六法 門內秘鈔本首次公開
77	元空法鑑批點本——附 法鑑口授訣要、秘傳玄空三鑑奧義匯鈔　合刊	【清】曾懷玉等	
78	元空法鑑心法	【清】曾懷玉等	
79	曾懷玉增批蔣徒傳天玉經補註【新修訂版原（彩）色本】	【清】項木林、曾懷玉	
80	地理學新義	【民國】俞仁宇撰	揭開連城派風水之秘
81	地理辨正揭隱（足本）　附連城派秘鈔口訣	【民國】王邈達	
82	趙連城傳地理秘訣附雪庵和尚字字金	【明】趙連城	
83	趙連城秘傳楊公地理真訣	【明】趙連城	
84	地理法門全書	仗溪子、芝罘子	巒頭風水，內容簡核、深入淺出
85	地理方外別傳	【清】熙齋上人	巒頭形勢、「望氣」「鑑神」
86	地理輯要	【清】余鵬	集地理經典之精要
87	地理秘珍	【清】錫九氏	巒頭、三合天星，圖文並茂
88	《羅經舉要》　附《附三合天機秘訣》	【清】賈長吉	清鈔孤本羅經、三合訣法圖解
89-90	嚴陵張九儀增釋地理琢玉斧巒	【清】張九儀	清初三合風水名家張九儀經典清刻原本！

編號	書名	作者	說明
91	地學形勢摘要	心一堂編	形家秘鈔珍本
92	《平洋地理入門》《巒頭圖解》合刊	【清】盧崇台	平洋水法、形家秘本
93	《鑒水極玄經》《秘授水法》合刊	【唐】司馬頭陀、【清】鮑湘襟	千古之秘，不可妄傳匪人
94	平洋地理闡秘	心一堂編	雲間三元平洋形法秘鈔珍本
95	地經圖說	【清】余九皋	形勢理氣、精繪圖文
96	司馬頭陀地鉗	【唐】司馬頭陀	流傳極稀《地鉗》
97	欽天監地理醒世切要辨論	【清】欽天監	公開清代皇室御用風水真本
三式類			
98-99	大六壬尋源二種	【清】張純照	六壬入門、占課指南
100	六壬教科六壬鑰	【民國】蔣問天	由淺入深，首尾悉備
101	壬課總訣	心一堂編	過去術家不外傳的珍稀六壬術秘鈔本
102	六壬秘斷	心一堂編	
103	大六壬類闡	心一堂編	
104	六壬秘笈——韋千里占卜講義	【民國】韋千里	六壬入門必備
105	壬學述古	【民國】曹仁麟	依法占之，「無不神驗」
106	奇門揭要	心一堂編	集「法奇門」、「術奇門」精要
107	奇門行軍要略	【清】劉文瀾	條理清晰、簡明易用
108	奇門大宗直旨	劉毗	天下孤本　首次公開
109	奇門三奇干支神應	馮繼明	虛白廬藏本《秘藏遁甲天機》
110	奇門仙機	題【漢】張子房	奇門不傳之秘　應驗如神
111	奇門心法秘纂	題【漢】韓信（淮陰侯）	
112	奇門廬中闡秘	題【三國】諸葛武侯註	
選擇類			
113-114	儀度六壬選日要訣	【清】張九儀	清初三合風水名家張九儀擇日秘傳
115	天元選擇辨正	【清】一園主人	釋蔣大鴻天元選擇法
其他類			
116	述卜筮星相學	【民國】袁樹珊	民初二大命理家南袁北韋
117-120	中國歷代卜人傳	【民國】袁樹珊	南袁之術數經典

編號	書名	作者	簡介
占筮類			
121	卜易指南(二種)	【清】張孝宜	民國經典，補《增刪卜易》之不足
122	未來先知秘術——文王神課	【民國】張了凡	內容淺白、言簡意賅、條理分明
星命類			
123	人的運氣	汪季高(雙桐館主)	五六十年香港報章專欄結集！
124	命理尋源	【民國】徐樂吾	民國三大子平命理家徐樂吾必讀經典！
125	訂正滴天髓徵義		
126	滴天髓補註 附 子平一得		
127	窮通寶鑑評註 附 增補月談賦 四書子平		
128	古今名人命鑑		
129-130	紫微斗數捷覽(明刊孤本)[原(彩)色本] 附 點校本 (上)(下)	馮一、心一堂術數古籍整理編校小組 整理	明刊孤本 首次公開！
131	命學金聲	【民國】黃雲樵	民國名人八字、六壬奇門推命
132	命數叢譚	【民國】張雲溪	子平斗數共通、百多民國名人命例
133	定命錄	【民國】張一蟠	民國名人八十三命例詳細生平
134	《子平命術要訣》《知命篇》合刊	【民國】鄒文耀、【民國】胡仲言 撰	《子平命術要訣》科學命理；《知命篇》易理皇極、命理地理、奇門六壬互通
135	科學方式命理學	閻德潤博士	匯通八字、中醫、科學原理！
136	八字提要	韋千里	民國三大子平命理家韋千里必讀經典！
137	子平實驗錄	【民國】孟耐園	作者四十多年經驗 占卜奇靈 名震全國！
138	民國偉人星命錄	【民國】囂囂子	幾乎包括所民初總統及國務總理八字！
139	千里命鈔	韋千里	失傳民初三大命理家-韋千里 代表作
140	斗數命理新篇	張開卷	現代流行的「紫微斗數」內容及形式上深受本書影響
141	哲理電氣命數學——子平部	【民國】彭仕勛	命局按三等九級格局、不同術數互通借用
142	《人鑑——命理存驗・命理擷要》(原版足本)附《林庚白家傳》	【民國】林庚白	傳統子平學修正及革新、大量名人名例
143	《命學苑苑刊——新命》(第一集)附《名造評案》《名造類編》等	【民國】林庚白、張一蟠等撰	史上首個以「唯物史觀」來革新子平命學結集
相術類			
144	中西相人探原	【民國】袁樹珊	按人生百歲，所行部位，分類詳載
145	新相術	【美國】李拉克福原著、【民國】沈有乾編譯	通過觀察人的面相身形、色澤舉止等，得知性情、能力、習慣、優缺點等
146	骨相學	【民國】風萍生編著	結合醫學中生理及心理學，影響近代西、日、中相術深遠
147	人心觀破術 附運命與天稟	【日本】管原如庵、加藤孤雁原著，【民國】唐真如譯	觀破人心、運命與天稟的奧妙

編號	書名	作者	備註
148	《人相學之新研究》《看相偶述》合刊	盧毅安	集中外大成，無不奇驗；影響近代香港相術名著
149	冰鑑集	【民國】碧湖鷗客	各家相法精華、相術捷徑、圖文並茂附名人照片
150	《現代人相百面觀》《相人新法》合刊	【民國】吳道子輯	失傳民初相學經典二種 重現人間！
151	性相論	【民國】余晉龢	民初北平公安局專論相學與犯罪專著（犯罪學生物學派）
152	《相法講義》《相理秘旨》合刊	韋千里、孟瘦梅	命理學大家韋千里經典、傳統相術秘籍精華
153	《掌形哲學》附《世界名人掌形》《小傳》	【民國】余萍客	圖文并茂、附歐美名人掌形圖及生平簡介
154	觀察術	【民國】吳貴長	可補充傳統相術之不足
堪輿類			
155	羅經消納正宗	【明】沈昇撰、【明】史自成、丁孟章合纂	失傳四庫存目珍稀風水古籍
156	風水正原	【清】余天藻	●積德為求地之本，形家必讀！ ●純宗形家，與清代欽天監地理風水主張大致相同
157	安溪地話（風水正原二集）		
158	《蔣子挨星圖》附《玉鑰匙》	傳【清】蔣大鴻等	窺知無常派章仲山一脈真傳奧秘
159	樓宇寶鑑	吳師青	陽宅風水必讀、現代城市樓宇風水看法改革
160	《香港山脈形勢論》《如何應用日景羅經》合刊		香港風水山脈形勢專著
161	三元真諦稿本──讀地理辨正指南	【民國】王元極	被譽為蔣大鴻、章仲山後第一人 內容直接了當，盡揭三元玄空家之秘
162	三元陽宅萃篇		
163	王元極增批地理冰海 附批點原本地理冰海	【清】高守中 【民國】王元極	
164	地理辨正發微	【清】唐南雅	極之清楚明白，披肝露膽
165－167	增廣沈氏玄空學 附 仲山宅斷秘繪稿本三種、自得齋地理叢說稿鈔本（上）（中）（下）	【清】沈竹礽	玄空必讀經典！附《仲山宅斷》幾種鈔本及批點本，畫龍點晴、披肝露膽，道中刊印本未點破的秘訣
168－169	巒頭指迷（上）（下）	【清】尹貞夫原著、【民國】何廷珊增訂、批注	圖文并茂：龍、砂、穴、水、星辰九十九變 洩漏天機：蔣大鴻、賴布衣挨星秘訣及用法
170－171	三元地理真傳（兩種）（上）（下）	【清】趙文鳴	蔣大鴻嫡派真傳張仲馨一脈二十種家傳秘本、宅墓案例三十八圖，並附天星擇日
172	三元宅墓圖 附 家傳秘冊		
173	宅運撮要	【民國】尤惜陰（演本法師）、榮柏雲	撮三集《宅運新案》之精要
174	章仲山秘傳玄空斷驗筆記 附 章仲山斷宅圖註	【清】章仲山傳、【清】唐鷺亭纂	無常派玄空不外傳秘中秘！二宅實例有斷驗及改造內容
175	汪氏地理辨正發微 附 地理辨正真本	【清】蔣大鴻、姜垚原著、【清】汪云吾發微	蔣大鴻嫡派張仲馨一脈三元理、法、訣具體泄露
176	蔣大鴻家傳歸厚錄汪氏圖解	【清】蔣大鴻、【清】汪云吾圖解	
177	蔣大鴻嫡傳三元地理秘書十一種批注	【清】蔣大鴻原著、【清】汪云吾、【清】劉樂山註	三百年來最佳《地理辦正》註解！石破天驚！

編號	書名	作者	說明
178	《星氣(卦)通義(蔣大鴻秘本四十八局圖并打劫法)》《天驚秘訣》合刊	題【清】蔣大鴻 著	江西興國真傳三元風水秘本
179	蔣大鴻嫡傳天心相宅秘訣全圖附陽宅指南等秘書五種	【清】蔣大鴻編訂、【清】汪云吾、劉樂山註	蔣大鴻徒張仲馨秘傳陽宅風水「教科書」！
180	家傳三元地理秘書十三種		真天宮之秘 千金不易之寶
181	章仲山門內秘傳《堪輿奇書》附《天心正運》	【清】章仲山傳、【清】華湛恩	直洩無常派章仲山玄空風水不傳之秘
182	《挨星金口訣》、《王元極增批補圖七十二葬法訂本》合刊	[民國]王元極	秘中秘——玄空挨星真訣公開！字字千金！
183-184	《家傳三元古今名墓圖集附謝氏水鉗》《蔣氏三元名墓圖集》合刊(上)(下)	(清)孫景堂，劉樂山，張稼夫	蔣大鴻嫡傳風水宅案、幕講師、蔣大鴻、姜垚等名家多個實例，破禁公開！
185-186	《山洋指迷》足本兩種 附《尋龍歌》(上)(下)	【明】周景一	風水巒頭形家必讀《山洋指迷》足本！
187-196	蔣大鴻嫡傳水龍經注解 附 虛白廬藏珍本水龍經四種(1-10)	【清】蔣大鴻編訂、【清】楊臥雲、汪云吾、劉樂山註	蔣大鴻嫡傳一脈授徒秘笈 希世之寶 千年以來，師師相授之秘旨，破禁公開！完整了解蔣氏嫡派真傳一脈三元理、法、訣！附已知最古《水龍經》鈔本等五種稀見《水龍經》
197	批注地理辨正直解	【清】章仲山	無常派玄空必讀經典未刪改本！
198	《天元五歌闡義》附《元空秘旨》(清刻原本)		
199	心眼指要(清刻原本)		
200	華氏天心正運	【清】華湛恩	
201-202	批注地理辨正再辨直解合編(上)(下)	【清】蔣大鴻原著、【清】姚銘三再註、【清】章仲山直解	失傳姚銘三玄空經典重現人間！名家：沈竹礽、王元極推薦！
203	章仲山注《玄機賦》《元空秘旨》附《口訣中秘訣》《因象求義》等九種合刊	【清】章仲山	
204	章仲山門內真傳《三元九運挨星篇》《運用篇》《挨星定局篇》《口訣篇》等合刊	【清】章仲山、柯遠峰等	近三百年來首次公開！章仲山無常派玄空秘密，和盤托出！章仲山注《玄機賦》及章仲山原傳之口訣及筆記
205	章仲山門內真傳《大玄空秘圖訣》《天驚訣》《飛星要訣》《九星斷略》《得益錄》等合刊	【清】章仲山、冬園子等	
206	撼龍經真義	吳師青註	近代香港名家吳師青必讀經典
207	章仲山嫡傳《翻卦挨星圖》《秘鈔元空秘旨》 附《秘鈔天元五歌闡義》	【清】章仲山傳、【清】王介如輯撰	透露章仲山家傳玄空嫡傳學習次弟及關鍵不傳之秘
208	章仲山嫡傳秘鈔《秘圖》《節錄心眼指要》合刊		
209	《談氏三元地理大玄空實驗》附《談養吾秘稿奇門占驗》	【民國】談養吾撰	史上首次公開「無常派」下卦起星等挨星秘密之書
210	《談氏三元地理濟世淺言》附《打開一條生路》		了解談氏入世的易學卦德爻象思想
211-215	《地理辨正集註》附《六法金鎖秘》《巒頭指迷真詮》《作法雜綴》等(1-5)	【清】尋緣居士	集《地理辨正》一百零八家註解大成精華 匯巒頭及蔣氏、六法、無常、湘楚等秘本 史上最大篇幅的《地理辨正》註解
216	三元大玄空地理二宅實驗(足本修正版)	【民國】尤惜陰(演本法師)、榮柏雲撰	三元玄空無常派必讀經典足本修正版

編號	書名	作者	簡介
217	蔣徒呂相烈傳《幕講度針》附《元空秘斷》《陰陽法竅》《挨星作用》	【清】呂相烈	蔣大鴻門人呂相烈三元秘本三百年來首次破禁公開！
218	挨星撮要（蔣徒呂相烈傳）		
219-221	《沈氏玄空挨星圖》《沈註章仲山宅斷未定稿》《沈氏玄空學（四卷原本）》合刊（上中下）	【清】沈竹礽 等	揭開沈氏玄空挨星五行吉凶斷的變化及不同用法 章仲山宅斷未刪本、沈氏玄空學原本佚文、玄空挨星圖稿鈔本 大公開！
222	地理穿透真傳（虛白廬藏清初刻原本）	【清】張九儀	三合天星家宗師張九儀畢生地學精華結集
223-224	地理元合會通二種（上）（下）	【清】姚炳奎	分發兩家（三元、三合）之秘，會通其用詳解注羅盤（蔣盤、賴盤）；義理、斷驗俱精
其他類			
225	天運占星學 附 商業周期、股市粹言	吳師青	天星預測股市，神準經典
226	易元會運	馬翰如	《皇極經世》配卦以推演世運與國運
三式類			
227	大六壬指南（清初木刻五卷足本）		六壬學占驗課案必讀經典海內善本
228-229	甲遁真授秘集（批注本）（上）（下）	【清】薛鳳祚	明清皇家欽天監秘傳奇門遁甲 奇門、易經、皇極經世結合經典
230	奇門詮正	【民國】曹仁麟	簡易、明白、實用，無師自通！
231	大六壬探源	【民國】袁樹珊	民初三大命理家袁樹研究六壬四十餘年代表作
232	遁甲釋要	【民國】徐昂	推衍遁甲、易學、洛書九宮大義！
233	《六壬卦課》《河洛數釋》《演玄》合刊		疏理六壬、河洛數、太玄隱義！
234	六壬指南（【民國】黃企喬）	【民國】黃企喬	失傳經典 大量實例
選擇類			
235	王元極校補天元選擇辨正	原【清】謝少暉輯、【民國】王元極校補	三元地理天星選日必讀
236	王元極選擇辨真全書 附 秘鈔風水選擇訣	【民國】王元極	王元極天昌館選擇之要旨
237	蔣大鴻嫡傳天星選擇秘書注解三種	【清】蔣大鴻編訂、【清】楊臥雲、汪云吾、劉樂山註	蔣大鴻陰陽二宅天星擇日日課案例！
238	增補選吉探源	【民國】袁樹珊	按表檢查，按圖索驥：簡易、實用！
239	《八風考略》《九宮撰略》《九宮考辨》合刊	沈瓞民	會通沈氏玄空飛星立極、配卦深義
其他類			
240	《中國原子哲學》附《易世》《易命》	馬翰如	國運、世運的推演及預言